2040年 大学よ甦れ

――カギは自律的改革と創造的連携にある

田中弘允・佐藤博明・田原博人

東信堂

はしがき

本書は、前著『検証 国立大学法人化と大学の責任―その制定過程と大学自立への構想―』(東信堂二〇一八年)で跡づけた、国立大学法人化の経緯およびそれに続く一連の大学「改革」の実相とその検証を踏まえて、真の意味での「自主・自律的」な大学の再生と発展への展望を切り拓く、リアリティーある「構想」提示の手がかりを期したものである。その意味で、本書は、前著の単なる続編ではなく、持続可能な人類社会と地球環境をめぐる近未来の多様で複雑な解決課題に対応しうる、「知の拠点」たる大学を国民の手に取り戻す「座標系」と、その先に広がる実現可能な道筋をさぐる試みである。

大学「改革」をめぐる胎動は止むことがない。いま現に、大学の再編・統合に向けたさまざまな動きが浮上・顕在化しており、その動向には目を凝らさなければならないが、それは、今日の、大学が抱える構造的な歪みや脆弱性を根本的に解決する道とはなりえないであろう。

本書で扱われている主な内容は、政府が今後さらに進めようとする新次元の大学「改革」路線とそれへのアンチテーゼとしての、新しい世紀に相応しい大学像を視野に、それに向けた二十年を射程として大学の自律的再生を展望する試みであり、書名を『２０４０年 大学よ甦れ』とした所以もそこにある。しかし、そこで扱われる問題の諸相は、これまでの一連の改革と地続きのものであることから、必要に応じて随時、前著の関連箇所を確認・参照しつつ、そこに通底する文脈を通して本書で書き広げた文意を読み取って欲しいと願っている。

本書では、前回同様、三人がそれぞれ各章・節ごとに分担執筆した素稿をもとに、意見交換と議論、補訂・推敲の上に念校を重ね正文にいたる道を辿った。本書の狙いと全体像を概括した「はじめに」は田中が執筆し、つづく総論に当たる第一、二章では、財界の「提言」、「意見」と、それを受けた官邸主導の大学改革論、および二〇一八年一一月の中教審「答申」と国大協の「将来像」（一八年一月）の内容を跡づけ、そこに内在する問題点を摘出した（佐藤 担当）。それにつづく各論部分の第三、四章は、法人化後の大学改革が、かえって教育・研究に大きな課題を残している現状にふれ、それにどう対応するかを論じ、第五章では、前著であまり触れなかった、大学業務の重要な担い手・事務職員の役割とあり方について、そして第六章では国主導の大学改革の流れに抗して、大学は真の自主性・自律性をいかに取り戻せるかを、国大協への期待とともに論じた（田原 担当）。

加えて、本書の新しい試みとして二つの補論を設けた。そのⅠは、小・中および高校から大学にいたる教育行政の〝歪み〟とそれへのアンチテーゼ、人間の「知」を育む営みへのリスペクトをいかに回復するかについて論じ（田中・田原 分担）、Ⅱではとくに萬田正治氏（鹿児島大学名誉教授・元副学長）に、大学での教育研究活動を経て、循環型農業・小農経営、そして生活農学校設立にいたる実践的経験を通じて得られた、〝人間教育〟の精髄にふれた一文を執筆いただいた。

今回も、思い思いのテーマで書き記した【コラム・coffee break】が、本書を読み進む中で立ち寄っていただく〝息抜き〟スポットになればと願っている。今回は、新たに三人の先生にコラム稿の執筆をお願いした。まず補論Ⅱ

執筆の萬田先生からは日本の原風景を切り取った「小農と棚田」稿を、また鹿児島大学医学部教授の大石充先生には、法人化後の不安定な財政基盤と競争主義の研究現場をおおう「アカデミアの憂鬱」を、そして北海道大学農学部教授（前農学部長）の横田篤先生からは、官邸主導の大学改革がもたらした〈負〉の諸相を、“lofty ambition”（W・Sクラーク）に込めた大学の理念に照らして鋭く突いた、「劣化する大学現場の実相」稿をお寄せいただいた。

補論やコラムではあるが、今回、新たに加わっていただいた三先生の、「現場」目線からのリアリティーあふれる論考によって、法人化後の大学の諸状況について、より《解像度》の高い分析と解明をなしえたと考えている。

最後に、前著につづいて本書の出版をお勧めくださり、終始、的確なご示唆と温かいご助言を寄せていただいた、下田勝司東信堂社長と編集スタッフの方々に心からの謝意を表する。

前著と同様、本書が多くの市民・読者と大学関係者の皆さんに、今日の厳しい時代状況を切り拓き、この国の持続可能性の要となる大学・高等教育の豊かな発展への道筋を確信していただく手がかりとなることを願っている。あわせて、大学をめぐる現在と将来の動向に目を凝らし、現実に生起する諸課題の、俯瞰的・持続的な究明と解決に取り組む、全国的な〝知のネットワーク〟の形成を期待したい。

二〇一九年盛夏

執筆者を代表して　　田中弘允

目次／2040年 大学よ甦れ――カギは自律的改革と創造的連携にある――

はしがき……i
はじめに……3

第一章 大学「改革」の新次元……7

一 財界版大学「改革」論の大合唱……8
（一）経団連「提言」の内容と意味 （8）／（二）経済同友会「意見」と問題点 （11）／（三）誰のための大学改革か （14）
二 官邸主導の大学「改革」論―交差する多岐の発信源―……15
（一）骨太方針2018 （15）／（二）未来投資戦略2018 （17）／（三）統合イノベーション戦略2018 （19）／（四）新司令塔が目指す大学改革 （20）
三 新次元の大学「改革」―特徴とねらい―……23
（一）財・官同行の大学改革 （23）／（二）財・官主導型大学「改革」の基本的な論点 （24）／（三）検証なき大学「改革」 （27）

coffee break　ソサエティ5.0と大学「改革」　29

第二章　ポスト法人化のパースペクティブ―二つの将来像―　30

一　中教審「答申」　31
（一）二〇四〇年頃の展望と高等教育が目指すべき姿―学修者本位の教育への転換―　（31）／（二）教育研究体制―多様性と柔軟性の確保―　（34）／（三）教育の質の保証と情報公開―「学び」の質保証の再構築―　（35）／（四）高等教育機関の規模や地域配置―あらゆる世代が学ぶ「知の基盤」―　（38）／（五）各高等教育機関の役割等―多様な機関による多様な教育の提供―　（39）／（六）高等教育を支える投資―コストの可視化と多様なセクターからの支援―　（40）／（七）今後の検討課題　（41）

二　「答申」の問題と限界　42
（一）中教審答申のどこが問題か　（43）／（二）中教審の限界　（46）

三　国大協の「将来像」　47
（一）国大協「将来像」の論点　（47）／（二）「将来像」の可能性と現実　（52）

四　大学再生への道　58

coffee break　〝パレーシア〟の勇気を　60

第三章　大学教育を見直す……61

一　大学教育改革で何が変わったのか……62
（一）大学教育改革の動き　(62)／(二)　学生はどう変わったのか―学生の現実―　(67)

二　改革で質の保証がえられたか……71
（一）教育の質の保証をめぐって　(71)／(二)　質の保証と就職活動　(72)／(三)　質の保証と学生評価　(74)

三　大学教育の変質―企業は大学に何を期待するか―……75
（一）リベラルアーツの重視　(75)／(二)　役に立つ教育とは　(76)

四　社会人教育を考える……80
（一）生涯学習からリカレント教育へ　(80)／(二)　企業や社会のためのリカレント教育　(84)／(三)　大学の主体的取り組み　(85)／(四)　実務家教員　(86)

五　自主性をもった教育へ……88
（一）自主的な教育改革―法人化前後の経験からみえること―　(88)／(二)　地域社会に開く　(90)／(三)　教育の活性化を求めて　(91)

coffee break　小農と棚田　96

第四章　研究力低下をどうみるか……97
一　研究力低下の要因はどこにあるのか……98
二　若手研究者の減少を考える……99
（一）若手研究者の何が問題か（99）／（二）研究に希望を託せるか（101）
三　多忙化が引き起こす研究時間の低下……102
（一）多忙化の要因は何か（102）／（二）研究時間の確保のために（104）
四　「選択と集中」の落とし穴……106
（一）なぜ「選択と集中」なのか（106）／（二）「選択と集中」の弊害（108）
五　競争が壊す研究の多様性……111
六　産学連携の新たな動き……113
（一）下請化は個から組織へ（113）／（二）なぜイノベーションを大学に求めるのか（114）／（三）基礎研究の両義性（116）
七　研究をあきらめない―研究室から飛び出し連帯の輪を広げよう―……117
（一）初心に戻ろう（117）／（二）研究の仲間を増やそう（118）／（三）さまざまな社会との連携（119）
coffee break　劣化する大学現場の実相　121

第五章　事務職員の力を生かした大学へ 122

一　法人化に当って考えたこと 123
（一）事務組織の在り方（123）／（二）事務業務の在り方（124）／（三）職員を生かせる職場（125）

二　国の動き 127
（一）教職協働とＳＤのすすめ（127）／（二）法改正をどう生かす（128）

三　職員研修一つの試み 130

四　教職協働の在り方 133
（一）教員と職員の長所を活かす（133）／（二）ポイントは信頼関係（134）

五　これからの働き方を考える 136
（一）自主的に働ける時間を確保しよう（136）／（二）職場を活性化する評価（137）／（三）教育研究とのかかわりを見直す（138）／（四）職員の専門性を活かそう（139）

coffee break　**アカデミアの憂鬱** 141

第六章　誰にとっての自主・自律か……142

一　文科省の誤算……143
（一）法人化は文科省の自主・自律（143）／（二）追い詰められる文科省（145）／（三）文科省の自律への道（145）

二　大学はどこまで自主性を持ちえるか……147
（一）大学の自主性とガバナンス政策（147）／（二）国立大学の現状は自主的服従（149）／（三）経営と教学の分離に向けた動き（150）／（四）多様な連携の勧め（152）

三　教授会の活性化……154
（一）教授会を生かす（154）／（二）教授会のイノベーション（158）

四　国大協の新たな役割―大学と連携した国大協へ―……160
（一）国大協の自主性・自律性（160）／（二）国大協への提言と期待（163）

五　国立大学法人法を見直す……170
（一）法人化のどこが問題なのか（170）／（二）中期目標は原則「届出制」に（171）／（三）年度計画を複数年度化へ（173）／（四）評価のどこが問題か（174）

六　運営費交付金の問題は削減だけではない……178
（一）運営交付金の本来の姿を求めて（178）／（二）財務省の新たな動き（179）

coffee break　トップ10％論文の落とし穴　181

補論　いま、教育を問い直す……182

I　教育はこれでよいのか—知識を知恵に—……183
一　「知」の構築を目指して　183
（一）「学び」への関心を失った社会（183）／（二）知識を活かし生きた「知」へ（184）
二　知識の教育から知恵の教育へ　185
（一）中教審はどうみているか（185）／（二）与える知の厳選（189）／（三）知恵の獲得と科学の学び—理科教育の場合—（190）／（四）知恵を育む教育（192）
三　教員養成を見直す　193
（一）師範学校化される教員養成（193）／（二）医学教育の経験から（197）／（三）教員養成のあり方はこれでよいのか（198）

II　教育の明日を考える……202
一　人間教育を目指して　202
（一）教育の原点—宮澤賢治と山羊の世界—（202）／（二）いのちを生きる—「いただきます」の心—（203）／（三）大学に〝場の教育〟を（205）／（四）竹子農塾を立ち上げる（206）／（五）霧島生活農学校の設立（208）
二　大学教育の課題　209
（一）大学教育の使命（209）／（二）大学生への期待—私のメッセージ—（211）／（三）歴史に学ぶ—平和教育の大切さ—（213）／（四）教育の再生を求めて（215）

参考資料・文献……218

2040年　大学よ甦れ——カギは自律的改革と創造的連携にある——

はじめに

国立大学法人化に至る過程では、大学改革をめぐり政府行革会議や経済財政諮問会議、自民党行革推進本部、文部省、国大協が、それぞれの立場とスタンスで時として主張・対応を変転させ、また大学審答申（「21世紀の大学像」一九九八年一〇月）が〝競争的環境〟（副題）をキーワードに提示した大学像など、錯綜した展開を辿ったが、結果的には、二〇〇一年六月の「遠山プラン」を転換点として、法人化への道を決定的なものとした。それは、国立大学の設置形態の歴史的転換であり、同時にこの国の「知の創出・集積・発信拠点」たる大学の質的変容につながる道であった。問題は、こうした法人化に至るプロセスの検証を通して、何を教訓とし、「大学の責任」において、将来に向けた大学自立への道をどう切り拓いていくのかである。改めて、この間の大学「改革」がもたらした諸相とそれをめぐる検証上のスタンスを、整理すれば、およそ以下のようである。

まず第一は、一九九〇年代以降、グローバル市場での競争激化を前に、規制緩和・民営化・市場化を旗印とした新自由主義的構造改革路線の下で、国立大学法人化を転機に、大学「改革」を行財政改革推進の戦略上のターゲットとし、「知の拠点」たる大学を、グローバル企業の産業競争力強化にシフトした、成長戦略を支える重要な〝環〟

としたことである。ここでは、この間の矢継ぎ早の大学「改革」が、グローバルに変転する時代と市場経済の国際的潮流に対応し、歴代政権の手で進められた成長戦略に沿って、最先端技術・イノベーション創出に資する大学の「知的資源」を、財界の手に取り込もうとしたプロセスを明らかにしようとしたところである。（成長戦略の〝環〟としての大学「改革」）

第二は、国立大学法人制度が、独立行政法人通則法を基本的枠組みとしたことで、この制度にビルトインされた「目標管理・評価システム」や「ガバナンス改革」をトリガーとして、市場原理の駆動にまかせた組織運営と脆弱で不安定な財政基盤をもたらした構造上・機能上の問題である。そこから、今日、多くの大学を「疲弊」や「劣化」に追い込んだ、効率性・成果優先主義の大学政策の下で顕わとなった、制度・システム上の問題とその実態の摘出を通じて、将来に向けた大学の自律的再生への、継起的な手がかりを得ようとしたことである。（法人制度の組織運営上の仕組・機能の検証）

そして第三には、国立大学法人化の経緯と対抗の過程で、経済・政治、行政、社会、教育・文化の諸分野で展開された構造改革路線と大学の設置形態の改変・法人制度に疑念を持ちながらも、政府・文部省との対応や国大協での論議・検討を通じて、これに対峙しうる有効で説得的な「パラダイム」を提示し、対抗する世論・勢力を広げることができず、法人化とそれに続く大学「改革」を許した、彼我の力関係と攻防のあり様を自ら検証し、そこから託しうる大学再生への道を探ろうとしたことである。（大学「改革」路線への対抗と自律的再生の構想）

法人化を機に加速した、一連の大学「改革」は、社会の基盤的インフラ・「知の公共財」たる大学の、持続的・全面的で均衡ある発展に背を向け、もっぱら世界市場での競争優位を競う、日本企業の産業競争力強化を支える科学技術イノベーションの創出とそれを担う人材養成の拠点として、丸ごと動員しようとしたものである。

二〇一五年六月の、「組織の廃止や社会的要請が高い分野への転換」を求めた、いわゆる〝文系廃止・転換〟の文科大臣「通知」も、その文脈の中で、大学を〝選別・淘汰〟するあからさまな政策方向と見なければならない。その結果は、教育研究の特定分野に偏重した資源配分の「選択と集中」、大学群の二極化と「大学総体」の疲弊であり、今日、国際的にも問題視されている、この国の〈研究力の低下〉をもたらした渺々《びょうびょう》たる荒野である。

法人化を導いた新自由主義的「規制緩和」やその駆動装置としての競争原理と、当時、法人化のキーワードとしてことさら強調された大学の「自主性・自律性」や教育研究の活性化との間には何ら有意な〈相関〉がないことはいまや明らかである。事態はまさにその逆である。

事実、多くの大学ではいま、財政基盤の不安定化・困難の進行で、担当教員の後補充ができないまま講座や授業科目に穴が開き、若手研究者の安定的確保に苦しみ、実験資材や備品・機器の補充、買い替えも思うに任せず、研究が停滞し頓挫するという事態が広がっている。こうした選択と集中によって教育研究の「基礎代謝」すら危うくする状況は、大学の存立そのものを脅かす深刻な〝病理〟という他はない。

加えて、いま現に提示され進められようとしている新たな大学「改革」は、大学・高等教育の「市場経済化」をさらに加速させ、「知の拠点」に深刻なエントロピー増大をもたらすことが容易に予想される。にも拘らず、それがあたかも、この国が目指す近未来の社会像・ソサエティ5.0＝「スマート社会」の実現にとって必須の、国家戦略上の政策的スプリングボードとして、新しい次元での展開が辿られようとしている。いま問われているのは、こうして増大するエントロピーに対する〝抗体〟をいかに産生させることができるかである。

求められているのは、研究者の自由で自律的な創意の下に、未知・未踏分野への挑戦から得られる独創的で普遍的価値をもつ研究と、将来の、真の意味でのインクルーシブな共生社会を担いうる、高度で豊かな「知の力」

を備えた人間を育て、輩出する大学のあり方を構想することである。本書の意図もそこにある。それは、大学が経済優先の国家戦略に奉仕することでも、まして時の政権の「成長戦略」の一翼を担うことでもない。心すべきは、大学は、自ら財界の意をくむことに存在を賭ける政権の所業に貶められ、未来を奪われてはならないということである。

その意味でも、いま必要なのは、横行する官邸主導型の大学「改革」路線をいったんリセットし、大学政策の方向と枠組みを抜本的に軌道修正することである。そのためにはまず、この間の大学「改革」の成否を検証・総括すべく立ち止まり、新しいパラダイムの上に、人類史の評価に耐えうる持続可能な大学のグランドデザインの策定に取り組むことである。文科省はいま、先の中教審答申（二〇一八年一一月）が提示した新たな「改革」メニューを、今後、第四期中期目標・計画の策定にからめ、各大学との「徹底対話」を通じて、実質化を図っていくとしている（「国立大学改革方針」二〇一九年六月一八日）。この場合、各大学は今日の厳しい教育研究現場の現状を踏まえ、自ら主体性を確保して文科省との「対話」に臨み、これと対峙し渡り合う、覚悟と姿勢が期待される。

大学が目指すべきは、知的・文化的価値と経済的・社会的価値の均衡ある発展、多様で持続可能な人間・社会と地球環境・生態系の保全に資する「知の拠点」にふさわしい、全面的で長期的なグランドデザイン・大学版ＳＤＧｓへの展望につながる道である。そこから、今日の不確実で複雑な、見通しがたい時代状況の中で、人類社会と地球環境の持続的発展に責任を負う、長期的視野からの、俯瞰的な「知の力」を創出し発信しうる、真の意味での大学を取り戻す道が開けるはずである。しかし、大学の存在価値を懸けた、この壮大な構想の実現は、多くの人々の共感と英知、透徹した意思と行動によってのみ可能となろう。本書がそうした社会の胎動と共振して、ある種の〝化学反応〟を引き起こす、ささやかな端緒となることを願っている。

第一章　大学「改革」の新次元

大学「改革」をめぐる動きが新しいステージに入った。それは、政財官をあげて国家目標として掲げる、近未来の社会像ソサエティ5.0の実現と結びつけて、一段と加速されている。

二〇一八年七月一一日、文科省で行なわれた第一二一回中教審大学分科会・将来構想部会合同会議を傍聴した。会議は、議題(1)を「産業界からの提言等について」とし、まず日本経団連の『今後のわが国の大学改革のあり方に関する提言』（以下「提言」）が、ついで経済同友会の『私立大学の撤退・再編に関する意見―財政面で持続性に疑義のある大学への対応―』（以下「意見」）が報告され、それをめぐる質疑・応答、審議から始まった。大学・高等教育の《将来像》を論じ審議する会議が、経済団体の「大学改革、撤退・再編」を主題とする、二つの報告から始まったことに今次審議会の基調と方向性を強く印象づけられた。

一　財界版大学「改革」論の大合唱

（一）　経団連「提言」の内容と意味

「提言」は、冒頭、「経団連が実現を目指すソサエティ5.0では、革新的技術により、これまでの産業・就業構造が大きく変わる」とし、「必要なイノベーションを継続的に生み出すエコシステムを確立」するうえで、大学は教育・研究の両面で「不可欠の役割を果たす」存在であることから、諸改革にスピード感をもって取り組むことが求められるとしている。

「提言」が求める大学の改革課題は多岐にわたる。すなわち、教育の質保証や研究力の向上をはじめとして、大学組織の再編・統合、運営費交付金の配分の在り方、マネジメント力の強化・ガバナンス改革など、いずれも大学の基本的業務とその組織運営に関わる諸課題である。

(1) 大学教育の質保証と財界の期待

まず第一に「提言」は、「ソサエティ5.0時代に産業界が求める人材の資質・能力」、とりわけ技術革新が進み、働き方や産業構造が大きく変わるソサエティ5.0・スマート社会では、自らの問題意識に基づいて課題を設定し、その解決に向けて主体的に取り組む能力を有する「イノベーション人材」が求められるとする。そのため、大学教育の主柱となる、アドミッション・カリキュラム・ディプロマの3ポリシーの策定と、それに基づくPDCAサイクルを通じた教学マネジメントの確立とともに、教育の効果・成果を測る指標の開発が急がれるとしている。とくに教育課程の編成では、新たな科学技術を社会実装（産業化）する上で直面する諸課題に対応するには、文系、理系を超えた知識を習得できる文理融合の柔軟な組織やカリキュラムが必要であるとする。その上で、そうした産業界や地域社会のニーズを十分踏まえて、産学共同の課題解決型授業（ＰＢＬ）の構築やインターンシップ・プログラムの実施を求め、あわせて専門職大学・大学院、リカレント教育など実践的な職業教育への期待を表明している。ここでは、教学マネジメントの根幹をなす教育方針（三ポリシー）に基づく教育課程（カリキュラム編成）から、教育の方法および成果の評価にいたる大学教育の全般にわたり、財界期待の人材養成につながる「教育の質」保証の要請が縦横に語られている。

(2)大学組織の再編・統合の推進

また、大学組織の再編・統合では、18歳人口が二〇一七年の一二〇万人から、三〇年に一〇五万人、四〇年には八八万人へと減少が見込まれる中で、入学者数の減少や定員割れが生じて、財政的・経営的にも困難が顕在化する地方・小規模大学では、国公私立を問わず「大学数や規模の適正化」を図るために、「大学間の連携や再編・統合」は避けられないとしている。そこで、政府に、大学のスクラップ・アンド・ビルドのための「グランドデザイン」の策定を求める一方、個々の大学には、人口減少・定員割れによる経営危機が進む中で、学長のリーダーシップの下、規模の適正化にむけて、人的・物的リソースの効果的な管理など真剣な自助努力と、再編・統合効果の最大化への「覚悟」を求めている。

こうして、国立大学には、現行の「一大学一法人」の見直しと地域拠点大学を中心とした再編・統合―「地域国立大学機構」の設立を、また経営悪化の私立大学には学部・学科単位での事業譲渡や合併・早期撤退、さらには国公私の枠を超えた「大学等連携推進法人」の設立を求めている。大学の再編・統合、合併・撤退を求める財界の要求は声高であり、その組合せや移行に関するメニューは、図解つきで具体的かつキメ細かである。そこに見えるのは、産業界では茶飯の、大学版〈リストラ〉への並々ならぬ意欲である。

(3)大学の機能分化と研究

86国立大学を機能別に三つのグループに類型化（①世界／②特色／③地域）し、それを運営費交付金の「重点支援枠」とした二〇一五年六月の措置を前提に、例えば、①を選択した大学は先端的で世界的に高度な研究を中心に機能強化を進め、一〇年以内に世界ランキングトップ一〇〇へのランクインを目指し、徹底した実力主義での教員・研究者の採用や年俸制への全面移行など、学長のリーダーシップによる戦略的大学経営に、スピード感をもって取り組むべきとする。その上で、大学の教育・研究実績を厳しく評価し、実績が不十分な場合、他の類型への移行（格下げ）を勧告するなどの措置が必要だともいう。また、類型②、③を選択した大学は、その特色を最大限に伸ばす教育・研究に注力し、地方創生に貢献すべく、地域の産業を支える人材の育成や新たな地域産業を興すイノベーション機能を果すべきとしている。そこにあるのは、それぞれの大学のもつ「特色・強み」を「機能」の違いにすり換え、これを3つの類型に分けて、大学の分断と格差づけを固定化し、これを徹底した上で競争政策、業績評価に基づく大学群の「選別と淘汰」に向けた強い期待である。

(4)評価方法の見直しと競争的配分の促進

運営費交付金に関しては、三つの重点支援枠による配分と国立大学法人評価による基盤経費の配分という、二種類の異なる評価が併存することから、予算配分のあり方が混乱と疲弊をもたらしているとみる。そこで、重点分野への取組みの評価結果に基づいた、メリハリのある予算の配分（評価配分）が、現行の曖昧な規準による評価結果（法人評価）によって相殺されるのを避けるため、学外の民間委員の参加によって客観的な評価を行なう、独立した単一の評価機関の設置を求めている。

この場合、評価と予算配分の望ましい方向としては、機能強化に即した取組みをさらに支援し、機能分化を加速するため、一元的評価体制の下で、「重点支援枠」の予算を現在の1％程度からさらに拡充して、競争的配分をより促進すべきであるという。それは、基盤的経費である運営費交付金から捻出した「評価配分」の財源をより拡充し、各大学の機能強化の方向性を評価した予算の傾斜的・重点配分や、改革インセンティブを高める競争的資金のさらなる拡大への要求に他ならない。

(5)ガバナンス改革と財政基盤

大学のガバナンス改革と財政基盤のあり方についての提言もあからさまである。すなわち、国立大学のガバナンスについては、これまで学長のリーダーシップ強化や教授会の役割の明確化など、すでに所要の法整備がなされてきたが、その実装・運用はまだ不十分であるとみる。そのため、学長権限の実質的強化のため「学長裁量経費」をさらに拡大する一方、教育面のみでなく大学の予算管理や運営のため、外部人材の積極的登用や学長を全面的に補佐する副学長（プロボスト）制度を、すべての国立大学において早期に導入すべきであるとする。

加えて、国立大学の財政については、運営費交付金への依存が約3割とまだ高く、自律的な経営基盤が確立している大学は一握りに過ぎないとし、競争的外部資金の獲得による財源の多様化を図るべく、大学内ベンチャーによる収益事業の実施や保有資産の有効活用とともに、株式による寄付や大学発ベンチャーの新株取得により、大学自らが持続的に維持・拡大できるだけの「収益」を上げるなど、民間企業並みの経営感覚の必要を説いている。まさに、収益力シフト・経営優先の大学運営による大学「企業化」の勧めである。

(二)　経済同友会「意見」と問題点

一方、経済同友会「意見」は、経済・社会のグローバル化とデジタル化が進展する中、「知の創造」拠点たる大学の問題解決能力がこれまで以上に重要になるとしながら、大学の新陳代謝と活性化による持続的発展の観点から、とくに「財政面で持続性に疑義のある私立大学への対応」として、「撤退・再編」を求めることを本旨とする内容となっている。「意見」は「私立大学の撤退・再編に関する意見」としているが、内容はそれだけに留まらない。

(1)撤退・再編の勧め

具体的には、18歳人口の減少が続く中で、現在私立大学六〇四校（全大学数の77・4％）の約4割に定員割れが生じており、これが授業料など学生納付金を主な収入源とする私立大学にとって経営上、大きな問題になっているとし、中長期的に安定的な教育サービスを提供するためには、大学・学部の撤退・再編、譲渡など大胆な経営改革による早期健全化を図りつつも、財政面で持続性に疑義のある大学の撤退・再編等を急がなければならないとする。

つまり、大学進学者数の急減が見込まれる中、限られた資源を質の高い教育・研究を行なっている大学に優先的に配分し、日本全体として教育・研究の質を上げ成果を挙げるためには、私立大学の経営改革を強力に後押しするとともに、、持続性に疑義のある大学の、効率的かつ効果的な撤退・再編等を促すため、各種機能を一ヶ所に集約し、ノウハウを蓄積する官立民営の「私立大学再生機構」（仮称）を設置すべきであるという。その上で、自らの力で有効な経営改革プランを見出せない大学には経常費補助金を打ち切るが、「機構」の支援と管理の下で、統合・再編、撤退等について実効性あるプランの策定が可能な場合は、補助金等所要の経済的支援を継続するという。まさに会社更生法的発想のそれである（選別と淘汰）。

(2)切り捨てられる公教育の使命

こうした経済同友会「意見」は、経団連「提言」とも同調・呼応して、小規模ながら地域の進学機会の確保や人材育成、地元企業、自治体、市民との連携・貢献で貴重な役割を果し存在感を高めている地方の私立大学に、定員割れとそれによる財政的困難を理由に撤退・閉鎖を求めていく、〈切り捨て・リストラ〉のあからさまな表明という他はない。

その意味で、「意見」は、競争原理の駆動にまかせて、経営と採算、効率性の論理で組織を整理・淘汰する、企業社会で横行するM＆Aの手法を大学に持ち込もうとするものである。それは、少子化・18歳人口減少を背景に、定員未充足→学納金の減少→事業収支の赤字化→財政危機へとつながる負の連鎖に苦しむ私学経営の、あからさまな撤退処方・退場宣告である。そこにあるのは、高等教育を担う大学の公益性・持続性を、社会共同の責任において確保し、所要の公的資金を措置して、経営を安定・充実させるとする真っ当な認識ではなく、競争原理に鎧われた採算至上の冷徹な企業の論理という他はない。

しかし、地域における教育機会の確保と人材養成を担う私立大学が、等しく公教育を守り発展させる使命を果すため、より厳しい競争的環境の中で、経営上、収入の大部分を学納金に頼らざるをえない事情からすれば、定員割れや財政的困難を理由に「切り捨てる」のではなく、むしろ必要なのは、財政と教育行政両面での適切で安定的な公的支援を強めることであろう。その意味では、かつて「経常費の二分一助成の速やかな達成を目指す」とした国会決議（一九七五年、私立学校振興助成法成立時）を反故にして、いまや9％台にまで落ちた私学助成・経常費補助金の現状こそが問題である。

このように私立大学の経営安定化に資する財政支援の充実・強化をなおざりにして、定員割れ・経営悪化を理由に、私立大学の淘汰と切捨てをむき出しにした「意見」には強い違和感を覚える。大学における教育研究の営みを、企業経営と同じベクトルと同列の論理・手法で律しようとする感覚への疑問である。公教育への無理解と軽視という他はない。

（三） 誰のための大学改革か

問題は、これら「提言」・「意見」において、ソサエティ5.0・「スマート社会」が、将来表出する社会、経済、教育・文化のあらゆる問題群を、ＡＩ、ビッグデータ・ディープラーニング、ＩoＴ、ロボティクスなど最先端のテクノロジーによって解決可能とする近未来の社会像として共に語られ、大学「改革」が、その実現にむけた一連の政策パッケージのコアとして組み込まれていることである。

そこで目論まれているのは、ソサエティ5.0を、予想される近未来の産業・就業構造の変化に対応した国際競争力の強化、経済活動の最適化（企業利益の最大化）を実現する社会変革への道と見立て、それに向けた大学の知的資源のあからさまな動員である。そこから、大学に強く迫っている「改革」は、ソサエティ5.0の実現を可能にし、これを支えるイノベーションの創出・集積・発信拠点たる大学の効率的な「機能強化」であり、大学のもつ人材育成と研究成果取り込みへのむき出しの期待である。しかしいま、経済団体が提言すべきは、大学・高等教育機関を、新産業の創出に資するイノベーションの集積・発信拠点や使い勝手のよい企業人材の養成・供給源としてではなく、自らが依拠する国民生活の広く豊かな持続的発展を可能にする、基盤的な社会インフラとしてこれを維持・充実するための、総合的でサスティナブルな政策構想とその実行であろう。そもそも大学の存立原理と果すべき本来のミッションは、業務の成果・業績の最大化が競争関係の中でこそ可能とみる効率性・採算性優先の、企業社会で通用する偏狭なプラグマティズムとは相容れないからである。

留意すべきは、「提言」や「意見」で提示された大学「改革」論の主要な論点が、以下の官邸主導の大学「改革」

論に取り込まれ、中教審「答申」を通じて、今後の大学政策の中で具体化され、関連法の改正や制度改革の指針として現実化することである。

二　官邸主導の大学「改革」論―交差する多岐の発信源―

二〇一八年六月、政府はアベノミクス成長戦略にかかる基軸的な、四つの二〇一八年版国家戦略を発出した。すなわち、「人づくり革命　基本構想」（人生１００年時代構想会議）と、「経済財政運営と改革の基本方針―骨太方針２０１８」（経済財政諮問会議）、「未来投資戦略　２０１８」（未来投資会議）、「統合イノベーション戦略　２０１８」（総合科学技術・イノベーション会議）の、いずれも閣議決定された文書群である。これら官邸主導の国家戦略のいずれにおいても、異口同音に大学「改革」が施策展開の核心部とされている。

（一）　骨太方針　２０１８

「骨太方針　２０１８」では、人生一〇〇年時代を迎えたいま、高齢者から若者まですべての人が活躍し、安心して暮らせる社会をつくるには、「人づくり革命」がその鍵を握るとし、そのためには人材への投資と大学改革が必要だとする。その場合、「高等教育の無償化」は、貧困の連鎖を断ち切り、格差の固定化を防ぐため、低所得者層（年収二七〇万円未満）の子弟に対して、授業料減免や給付型奨学金などの支援による、人材への投資だとしている。ただ、それと引き換えに、支援措置の対象となる大学等には、実務経験のある教員が卒業単位数の１割以上の単位の授業科目を担当できるよう配置することや、理事に産業界等の外部人材を複数任命し、併せて、シラバスの作成や厳正な成績管理などの要件を課している。「無償化」措置に当たって、大学にこうした条件を半ば強制することはそもそも筋違いであり、明らかに「大学の自治」の侵害である。問題は、仮にこの条件を満たさない場合、支援措置大学が限定されるため、その地域の大学に進学・在籍する学生が「無償化」の恩恵を受ける可能性を失うことになる。

その上で、「知の基盤であり、イノベーションを創出し、国の競争力を高める原動力」とされる大学は、人づくり革命を牽引する重要な主体として、時代と社会のニーズに合った教育機関へと変革するため、国公私立を問わず大学はそれぞれの役割・機能を明確化し、「改革」を進めなければならないとする。その際、国立大学は、すでにある機能別支援枠組を活用して、各大学はそれぞれの役割と機能の具体的な方向性を明らかにし、同様に私立大学も、国立大学の機能別三類型に倣って、それぞれが三つの観点を踏まえた人材育成の枠組を選択し、その役割・機能を明確化するよう求めるなどである。

また「大学教育の質の向上」では、社会のニーズに対応したカリキュラムの編成や、企業など実務経験のある教員の採用枠を広げ、少ない持ち時間でも専任教員にできる仕組みをつくって、教授会など学内運営にも参画させるとする。また、産業界が「求める人材」のイメージや技能を示す一方、学生が身につけた能力・付加価値など、可視化した学修成果を提供することによって、それらの情報を企業の選考活動（就活）で活用できるようにするとしている。そして「経営力強化」のため、外部人材を理事に登用する場合、法定の理事数を超えて任命できるよう、所要の法改正を求めるている。

さらに、大学の連携・統合では、国立大学法人を統合した「一法人複数大学制」や私立大学の学部単位での事業譲渡・撤退などでの早期の判断を促す経営指導を強化し、地方においては、「地域連携プラットフォーム」や国公私立の枠を超えた大学の連携を可能にする「大学等連携推進法人」の創設を検討すべきとしている。加えて、〈人生再設計・再チャレンジ〉と称して、労働力のリノベーション・スキルアップによって、新規の雇用対策としても期待できるリカレント教育を求めるなどである。

目立つのは、「無償化」や「教育の質向上」に絡めて、社会・産業界のニーズに対応したカリキュラム編成や実務家教員の採用、外部人材の理事への登用を求めるなどの点である。いずれも、産業界のニーズへの優先対応的な政策措置であり、学生を人質にした教育課程と大学運営へのあからさまな介入姿勢である。いずれにせよ、現実の運用では、大学に混乱を持ち込み、新たな格差をもたらす懸念が強い。（ちなみに、「人づくり革命 基本構想」での大学改革に関する記述部分は、ほぼ上記の再録版）

(二) 未来投資戦略 2018

「未来投資戦略」では、デジタル時代に対応した人材育成の必要性を謳い、ＡＩ・データを理解し、使いこなす高い理数能力やＡＩで代替しにくい能力で価値創造を行なう人材が求められるとし、具体的には、すべての大学生が一般教養として理数・データサイエンスを履修できるよう、標準的なカリキュラムや教材の作成・普及を進めなければならないとしている。

そのため、まず大学入試において、「情報Ⅰ」等を必修科目とする新学習指導要領に対応した科目の出題や、工学分野での学科・専攻の縦割りを見直し、工学以外の複数の専攻分野を組み合わせた教育課程（メジャー・マイナー制）の導入、工学・理学の融合による学部横断的な「学位プログラム」を制度上可能にするための大学設置基準の改正を求めている。

そこで示されているのは、大学入試から教育課程、教育システム、学位プログラムなど大学教育の総体にわたる改革、そのための法改正へと、人材育成の方向はキメ細かで、かつ具体的である。

また、知と人材の集積拠点である大学は、イノベーションの果実が次の研究開発に投資されるイノベーション・エコシステムの構築につながるよう、経営と教学の機能分担や経営協議会の活性化、経営人材のキャリアパス形成等を含む〝大学ガバナンスコード（統治指針）の策定〟や民間資金の獲得状況に応じた〝運営費交付金配分の仕組み〟づくりが必要だとする。さらには、大学経営に広く学外者の声を取り入れるための産業界等からの外部理事の複数登用や、国立大学の一法人複数大学制の導入、経営と教学の機能分担に係る国立大学法人法改正の、次期通常国会への提出を求めるなどである。

いずれも、大学における教育課程の基本的枠組を定める大学設置基準や、国立大学の制度と運営の根幹に関わる国立大学法人法の改正など、大学「改革」の具体的なタイムテーブルにまで及ぶ、頭越しの高飛車な提示である。そこにあるのは、大学自治の尊重も、大学運営の自主性・自律性への配慮も欠いた、統治意識むき出しの大学政策である。

加えて、前記経済団体の「提言」や「意見」と同様、国公私立の枠組みを超えた大学の連携や機能分担を促す「大学等連携推進法人」制度の創設や、国立大学については、外部資金の獲得に応じ、評価を通じて運営費交付金の配分にメリハリをつけるインセンティブの仕組みなどの、早期の検討と試行的導入を促している。また、国立大学の教員給与では、実効性ある業績評価に基づく年俸制の完全導入を、シニア教員については、在職期間の長期化による処遇の〝頭打ち〟の仕組みを整備するなど、人事給与マネジメント改革を進め、また民間資金を柔軟に活用したクロスアポイントメント制度の積極的活用を勧めるなどである。

(三)　統合イノベーション戦略2018

こうした、官邸主導の成長戦略にシフトした、科学技術の動員に向けた大学「改革」論の構図は、「統合イノベーション戦略」ではさらに鮮明である。もともと、「統合戦略」は、二〇一三年六月の閣議決定を受けて策定され、歴代の科学技術基本計画に引き継がれてきた「科学技術イノベーション総合戦略」を、一八年に衣替えしたものである。

新「統合戦略」は、基本目標としてまず、第五期科学技術基本計画(二〇一六年一月)で打ち出した、未来社会・ソサエティ5.0の実現に向けて、「全体最適な経済社会構造」を見出す社会の創造と、地球規模での課題解決を目指した国連SDGs達成のための科学技術イノベーション(STI for SDGs)の推進を掲げている。しかしながら、現状では、世界レベルの進展いちじるしい「破壊的イノベーション」に比して、わが国の科学技術イノベーション能力は相対的に低下しており、その結果、労働生産性はG7で最下位、各種ランキングでの急速な地位低下など、国際的競争力の低下が懸念されるとしている。

こうした事態を打開するためとして、経済社会システム全体を大胆に変革する「統合的な政策パッケージ」、すなわち科学技術イノベーションの視点から、これまでの政府事業や政策を再構築した統合戦略と、その実施にむけて、関連するすべての政策に横串を通す司令塔機能を強めるため、既存のCSTI(総合科学技術・イノベーション会議)やIT総合戦略本部など、イノベーション関連の組織・機関を横断的かつ実質的に調整する、新司令塔・「統合イノベーション戦略推進会議」を設置(二〇一八年七月)したのである。こうした体制の下で提示されたのが、「科学技術イノベーションを通じてソサエティ5.0の実現」を目指す、基礎研究から社会実装・国際展開までの「一気通貫の戦略」（知の産業化）である。そこでは「基礎研究から応用・実証研究、創業や社会実装、グローバル市場獲得に至るまで一貫した政策を構築する」ため、「イノベーション関連政策を一体的に構築し、エビデンスベースの整合的な科学的政策形成」に向けた、「イノベーション政策の一体的推進」を目指すとされている。こうして、イノベーション創出につながる「知の源泉・創造」拠点としての大学には、その成果・資源を「幅広く活用する」ためのオープン・サイエンスシステム、すなわち大学が創出するイノベーション情報を、産官が自在に動員・活用できる科学技術のオープン・スペースの構築が強く求められたのである。

（四） 新司令塔が目指す大学改革

新「統合戦略」は、イノベーション・エコシステムの構築を基本命題とし、その実現にむけて、大学が取り組むべき課題を多様かつ多岐にわたって挙げている。すなわち、大学の経営環境の抜本的な改善、人材の流動性、若手研究者の活躍促進、人材・研究のボーダレスな挑戦、年俸制の導入にリンクした厳格な業績評価に基づく人事給与マネジメント改革、研究生産性の向上、産学連携による外部資金の拡大、クロスアポイントメント制度の積極的な導入、さらには機能強化のための運営費交付金の再配分、裁量経費をテコとした学長のリーダーシップによる大学組織の再編・統合の促進などなどである。それにしても、あれもこれもの盛りだくさんで網羅的な〈改革〉メニューである。そのうちの主なものは、概略以下のようである。

〈経営優先のガバナンス強化〉

経営環境の改善では、まず「改革」の要となる学長のリーダーシップによるガバナンス強化とともに、財源の多様化や大学の連携、再編・統合など、経営基盤の強化と効率的な経営の推進が求められるとしている。すなわち、

18歳人口が減少する中、限られた資源を効率的に活用するため、大学の連携や再編・統合を促進しなければならないとし、国立大学の一法人複数大学制を可能にする国立大学法人法の改正や、国公私立の枠組みを越えて大学の連携や機能分担を促進する「大学等連携推進法人」制度の創設を促している。

そこでとくに強調されているのは、大学トップのリーダーシップの下、戦略的な経営資源の獲得と配分を可能とする組織へと変革する大学ガバナンスコードの策定であり、さらには、スピード感のある経営改革と機能強化を促す、意欲的・先進的な取り組みを支援する「経営改革促進事業」や、外部理事の複数登用を可能にする法人法の改正要求である。また財源の多様化では、産業界等からの資金や寄付金の受入れ、戦略的な施設マネジメントによる大学資産の有効活用を促進するとともに、民間資金を積極的に獲得することで、外部資金割合を増加させ、運営費交付金の低減を図ることとしている。

〈人事給与マネジメント改革〉

若手研究者の活躍機会を創出し、人材の流動性と教員のモチベーションを高めるため、業績評価と結びついた年俸制の導入や厳格な業績評価に基づく処遇など人事給与マネジメント改革を効果的・積極的に進めるとしている。とくに年俸制の導入では、国立大学の新規採用教員には原則適用し、在職シニア教員にもその導入を加速させ、全体として段階的に拡大を図っていくものとする。そこには、シニアから今後活躍が期待できる若手への本務教員ポストの振り替えも含むが、いずれにしても、その狙いは人件費抑制にある。

各大学における人事給与マネジメント改革の促進のため、その進捗等を、二〇一九年度から運営費交付金の機能強化にシフトした再配分や学長裁量経費に関する評価に反映させ、第三期中期目標期間中には、その進捗状況を定期的に検証、公表し改善を求めていくという。改革課題ごとの「評価」結果と進捗状況を、資源配分に連動させる、あからさまな財政誘導型大学統治の強化にほかならない。

〈研究生産性の向上〉

さらに注目すべきは、研究生産性の向上を目指して、若手研究者による研究や新興・融合領域の開拓に資する挑戦的な研究を奨励するため、学内資源の重点化に加えて、多様な外部資金を活用して、若手が研究に専念できる環境を整え、分野横断的な俯瞰力と独創性、高度な専門性を備えた課題解決型研究人材を育てるとしたことである。そのため、人事流動性を高め、二〇二〇年度までに40歳未満の大学本務教員の数を一三年水準から1割増加し、研究大学にあってはさらに二三年度までにこれを3割以上とすることや、二〇年度までにわが国の総論文数を増やしつつ、インパクトファクターの高いトップ10％補正論文数の割合を10％以上に引きあげ、二三年までにはこれをさらに12％以上に引き上げることを目指すなどとしている。

そうした「人事給与マネジメント改革」は、人事流動性による若手研究者の活躍で、主要国並みの研究生産性の実現を目指し、研究力の国際的ランクアップを目指すとする発想である。そもそも、数値目標を掲げて研究者を競わせ、成果の効率的最大化を求める研究「生産性」は、政府が成長戦略の一環として掲げる「人づくり革命」と一体となす政策パッケージ・「生産性革命」と呼応した、本末転倒の発想である。一連の官邸文書に通底する「基礎研究から応用・実証研究、社会実装までの一気通貫の戦略」の正体がこれである。

留意すべきは、経済活動における成果・業績の効率性を測る、産業界に汎用の「生産性」なるタームが、研究成果達成の標識・ＫＰＩ（業務評価指標）とセットに、いまやアカデミズムの世界を律する一般用語に転化されたことである。ここにも、効率優先の成果主義的大学「改革」に寄せる、政府・財界の期待のあり様を見ることができる。

三　新次元の大学「改革」—特徴とねらい—

（一）財・官同行の大学改革

右にみた経済団体の「提言」・「意見」と官邸発出の「国家戦略」文書は、第五次科学技術基本計画（二〇一六年一月）が掲げるソサエティ5.0なる近未来の社会像を共通の実現目標とし、その発想と方向性において明らかに交差・協調しつつ、年ごとにその記述内容を重層化、リニューアルしてきたものである。

例えば、初発の一三年版「科学技術イノベーション総合戦略」では、主題を《新次元の日本創造への挑戦》とし、つづく一四年版では《未来創造に向けたイノベーションの懸け橋》、一五年版では《大変革時代における未来の産業創造・社会変革に向けた挑戦》、そして直近の一七年版では《未来の産業創造と社会変革に向けた新たな価値創造》（一六年版も同じ）などとし、その取組内容として、一七年版では「未来に果敢に挑戦する研究開発と人材の強化」や「新たな経済社会・ソサエティ5.0の基盤構築」などが掲げられている。そこで提示されているのは、「未来」や「創造」といった、一見斬新なタームで装われた「産業構造・社会変革」イメージで、イノベーションを駆動力にソサエティ5.0の実現につなげるとする政策方向である。それは、あたかも〈インスタ映え〉に趣向を凝らした、見かけだけのモデルチェンジの手法である。

その上で、大学「改革」をめぐって、一四年版「総合戦略」では《持続的なイノベーション創出の基盤となる基礎研究や人材育成の中核》たる大学は、その機能を充実・強化するため「ガバナンス機能や学内資源配分について恒常的に見直しを行う環境を醸成する新たな仕組みの構築」が必要だとし、一七年版では、知の基盤強化のため、イノベーションの源泉としての学術研究と戦略的・要請的な基礎研究の推進や研究成果をオープン化するオープンサイエンスとともに、外部資金の獲得による資金源の多様化や大学の保有資産の利活用促進、自己収入の効果的・効率的な運用などの資金改革が求められる、としている。いまや基礎研究も、研究者の自由な発想と長期的で、試行錯誤の繰り返しによって初めて成果に到達するマターではなく、戦略的・要請的に、すなわち国家的要請からの〝指示型〟の研究領域として扱われることになっている。それは基礎研究本来のあり方とは異質の世界である。

さらに、前述の一八年版「統合戦略」では、国家目標としてのソサエティ5.0の実現を目指して、イノベーションの創出拠点たる大学は、教育の質確保のためのカリキュラム（教育課程）改革・文理融合型教育システムの構築と、経営環境の改善が必要だとしている。後者については、ガバナンス改革としての学長のリーダーシップ強化や外部理事を登用し、経営基盤の確立については、年俸制・人事給与マネジメント改革とともに、評価に基づく学内資源の重点配分、多様な外部資金の活用・財源の多様化など諸改革が必要だとし、その帰着として大学の機能強化、再編・統合が急がれる、としている。

（二）　財・官主導型大学「改革」の基本的な論点

すでにみた経済団体の「提言」・「意見」や官邸文書に共通する大学「改革」論は、基本的にその論点を次の四項目に整理できよう。

①　**大学の機能・役割**：研究面ではイノベーション創出にむけた産学連携・共同の推進とその成果のオープンサイエンス化であり、教育面ではイノベィティブなグローバル人材の養成にむけた教育の質保証としてのカリ

キュラム・教学マネジメント改革や実務家教員、リカレント教育の推進（国力の源泉・国際競争力の強化、高度人材育成と労働力更新）

②**ガバナンス改革**：「経営優先」の大学運営を目指す、教学と経営の機能分担と学長リーダーシップの強化とガバナンスコードの制定、外部理事の複数登用や副学長体制の強化、年俸制を中心とする業績評価連動の人事給与マネジメント改革（経営力強化）

③**財政基盤**：競争的・外部資金の獲得や大学発ベンチャーによる収益事業、保有資産の利活用による自己収入の確保とその効果的・効率的な運用など、財源の多様化による運営費交付金への依存度の低減、評価や機能強化と結びつけた運営費交付金の再配分によるインセンティブ強化（選択と集中）

④**大学組織の規模と配置**：18歳人口の減少に対応すべく、限られた資源の効率的活用のための、国立大学の法人統合や、国公私立の枠組みを越えた大学の連携や再編・統合、譲渡・撤退、機能分担（スクラップ・アンド・ビルド）

上記四項目のうち、とくに注目・留意すべきは、④の大学組織の規模と配置に深く関連する②のガバナンス改革である。前者は国立大学の場合、端的には「法人統合」だが、問題は、現在、教学（大学）の長である学長が法人の長を兼ねるとしているものが（※国立大学法人法 第一一条：「学長は、国立大学法人を代表し、その業務を総理する」）、法改正をへて統合後は、「教学と経営の機能分担」論から、それぞれ別の人格を当てるとすることである。

ちなみに、現行法では、学長は学内の「学長選考会議」の選考により、大学の申出に基づき、文科大臣が「任命」することとなっている（※法 第一二条）。しかし、法人統合後の経営と教学の分離の下では、理事長は、名実ともに文科大臣が「指名」し、その理事長が学長を「指名」する形となることが容易に想定される。そうなったとき、学長とは別人格の、経営を担う法人の長である理事長は、もっぱら経営的効率性の観点から、大学組織の配置・編成や改変、資源配分の差配を通じて、大学本来の基本業務たる教育研究を実質的にコントロールする位置に立つことになる。それは同時に、事実上、理事長を「指名」する文科省（大臣）が法人（経営）のコントロールを通じて、大学の教学・教育研究に対する関与・統制を可能にする道に通じる。こうして大学に対する、国家による自在な統制・支配の体制が整えられることになる。

加えて、外部理事の複数登用や人事給与マネジメント改革が、経営優先の大学ガバナンスをさらに強化する力として働く。これが、大学組織の規模と配置（法人統合）とガバナンス改革が一体的に果された中で現実となる大学の姿である。このために必要な、国立大学法人法を含む「学校教育法等の一部を改正する法案」が、二〇一九年一月の通常国会に上程、可決された。

留意すべきもう一つの点は、これら大学「改革」をめぐる文書群を〝通奏低音〟のように貫いているのがソサエティ5.0なる近未来の社会像であり、いうところの「全体最適な経済社会構造」の実現にむけて、「改革」の方向と処方を共通の用語やキーフレーズで語る、あれこれの提言である。しかも、これらの文書群に通底する思潮は、すでにみたように、産業競争力の強化に資するイノベーション創出とその担い手たる高度人材養成の拠点たる大学の、効率優先の成果主義的なガバナンス改革と大学「機能」の強化であり、KPIなど経営的業績指標による資源配分、国公私立の枠組を越えた大学の連携、再編・統合、譲渡・撤退――大学版リストラクションの提起である。

(三) 検証なき大学「改革」

国が、あれこれの大学「改革」を提示する際、常套句とする「社会の要請」とは、じつは世界市場での競争優位につながる国際競争力の強化と企業利益の最大化に執着する「産業界の要請」であることはいまや明らかである。それは同時に、大学・高等教育の市場経済化への道でもある。

しかし、いま改めていえば、大学の存在価値と真の使命は、もっぱら財界が求めるイノベーション創出やグローバル人材の養成・供給といった、矮小化された偏頗な機能にあるのではなく、急激に変貌する予測困難な時代の、人類社会が直面する課題解決とすべての生物の生存基盤である地球環境の持続可能な発展に資する、「知の創造と集積・発信力」の多様で豊かな深化と展開であろう。

そこにこそ、地球史的・人類史的課題にたちむかう学術的知見の創造的役割を担う大学の価値がある（日本学術会議第二常置委員会報告「大学問題―危機とその打開への道―」二〇〇〇年一月）。さらに敷衍すれば、《誰ひとり取り残さない》を基本目標とする国連２０３０アジェンダ・ＳＤＧｓの、大学世界での額面通りの実現である。大学が本来担うべき役割と機能、負うべき責任を見誤ってはならない。

それにしても目に付くのは、経済団体の「提言」・「意見」、官邸文書ともに、ソサエティ5.0・「スマート社会」を、説得的な科学的検証を抜きに、あたかも既定の一元的な国家目標であるかのように掲げ、大学の教育研究機能と成果をその実現に向けて、丸ごと動員しようとする姿勢である。かつての時代、「大東亜共栄圏」を国家戦略上のスローガンに掲げ、国民精神の総動員を図った悪夢と重なる。当然のことながら、それは大学が果し、担うべき多様な役割・機能とは相容れない。個人はもとより、組織・機関の働きと役割における〝多様性〟の価値は、大学もその例外ではない。

問題は、大学「改革」に関する一連の文書群で登場する用語やフレーズが、そこに込めるべき意味内容や事態の本質的部分の成否を見定めず、政策展開の経緯に即した総括や検証を抜きに、各年度版の政策提起を上書き更新し、〝重ね塗り〟された状態で繰り返し多用される手法である。こうした、実態の確認と政策過程の検証がないまま、言葉を空回りさせるだけの文章作法で、国の命運を左右する、重要な政策提起の場で横行する、文書世界の荒廃は看過しがたい。

ソサエティ5.0と大学「改革」

ソサエティ5.0は、サイバー空間とフィジカル空間を融合させ、AI（人工知能）やIoT、ロボットなど高度な情報テクノロジーを活用して、経済発展と社会的課題の同時解決を可能にする人間中心の社会で、国連のSDGs（持続可能な開発目標）の達成にもつながる「超スマート社会」とされている。この社会は、AIで解析されたビックデータをインターネットで接続して、必要な情報を必要な時にフィジカル空間に提供し、IoTですべての人とモノを瞬時につなげて、人々に「快適で活力に満ちた質の高い生活」を可能にするという。高度なIT技術の時代でこそ可能な〝ユートピア〟の現出であり、いま政府と財界があげて、国家戦略として実現を目指す近未来の社会像である。

だが、事柄はそれほど単純ではない。産業界本来の関心や性向からすれば、こうした革新的IT技術に対する期待は当然、市場での競争優位にたつ製品やサービスの提供と、新産業の創出によってもたらされる膨大な「利益（もうけ）」であろう。それはいま、GAFA（IT大手四社）が圧倒的な市場支配力を手に、「利益」をほしいままにしている現実に如実である。そもそも、提供される情報・データの内容と質、システムは採用されるアルゴリズムを誰が主導・支配するかで決まる。それは、この社会から最大の恩恵を享受する、GAFAのようなITメジャーと見なければならない。かくして、現実の事態は、ソサエティ5.0が描く世界やSDGsの達成とはおよそ〝似て非なる〟ものになりかねない。

いま、ソサエティ5.0の実現に向けて大学に求めているのは、イノベーション、価値創造の源となる革新的研究・〝飛躍知〟と、技術革新と社会課題とをつなげて、シンギュラリティー時代を生きる、AIやデータの力を最大限活用・展開できる高度なデジタル人材の育成であるという。すなわち、ここでの人材要求は、基礎的読解力や数学的思考力を養う、数理・データサイエンス教育と産学連携の実践的教育による、文理融合型の〝マルチ〟な専門人材の育成である。

しかし、そこで描かれている社会像が、いかに高度で先端的なIT技術を前提にしているとはいえ、それはあくまで国家戦略上の「仮説」にすぎず、Y・N・ハラリの『ホモ・デウス』にいう一握りのエリート層が支配する社会のために大学の機能と成果を丸ごと動員しようとする「改革」シナリオは容認しがたい。この社会の最大の受益者の目で、目論まれている大学「改革」の本質を見極め、この国が〝ユートピア〟どころか、〝ディストピア〟（暗黒郷）に落ち込む愚は避けなければならない。

（佐藤博明）

coffee break

第二章

ポスト法人化のパースペクティブ――二つの将来像――

法人化から一五年を経たいま、国立大学は「ポスト法人化」の大学像をどう描き、時代と社会の負託に応えうる大学の価値と方向をどう切り拓いていくのかが問われている。大学版フューチャー・デザイン（ＦＤ）をめぐる議論の展開である。その点で、前述の、経済団体の「提言」・「意見」や官邸主導の国家戦略にビルトインされた一連の大学「改革」論は、その基本点において、以下の中教審「答申」に収斂されているとみなければならない。

他方、中教審の審議・「答申」に先行する形で、国大協も、国立大学の将来像を描き、二〇一八年一月に「高等教育における国立大学の将来像・最終まとめ」としてこれを公表した。そこでは、大学本来の立ち位置と視点から、大学・高等教育のあり方について独自の展開を試みようとしてはいるが、基本的な論点では、中教審「答申」と「軌を一にした」組み立てになっており、これと対峙するテーゼの《独自性》が希薄との感はぬぐえない。その意味では、「答申」も「最終まとめ」も、国立大学法人法やこの間の大学政策の検証のないまま、将来像に関わる論点を並べ立てているだけのようにぬえる。

一　中教審「答申」

今次の中教審は、松野博一文部科学大臣（当時）の諮問・「我が国の高等教育に関する将来構想について」（二〇一七年三月）を受けて始まり、その後、五月二九日の第一回から、同年一二月末の「論点整理」と一八年六月の「中間まとめ」の、都合二九回の審議を経て一一月二六日、「２０４０年に向けた高等教育のグランドデザイン」として、柴山昌彦文科大臣に答申した。

本答申は、文字通り二〇四〇年に推定される18歳人口八八万人と進学率57・4％（五一万人）を見据えた、大学・高等教育改革の全体構想にかかわる提言だが、現実には今後、大学設置や再編・統合、財政措置など大学行政の方向と高等教育に関わる法改正にあたって、重要な指針・「見取り図」として実体化していくはずである。「答申」本文は、全七章一三節から成る大部（五三ページ）のものだが、文中各事項の要所要所で〈具体的な方策〉として、それぞれの「改革」措置が示されている。しかし、ここで示された改革メニューは、今後、文科省が「答申」に沿って当該の施策を進める中では単なる参照例ではなく、事実上の縛りをもった「誘導された選択肢」であり、大学改革の新たな標識となろう。

「11・26答申」の基本的論点と概要は、およそ以下のようである。

（一）二〇四〇年頃の展望と高等教育が目指すべき姿――学修者本位の教育への転換――

⑴二〇四〇年頃に想定される社会と高等教育の方向

この項は、「答申」本文で提示の各論を支え、基調となる総論部分に当たる。

「答申」が構想する大学・高等教育の将来像の前提にあるのが、当面、四〇年に向けて想定される、さまざまな社会変化の方向である。それは、国連が提唱する「ＳＤＧｓ」が目指す社会」につながる、第四次産業革命ともいわれるＡＩ、ビッグデータ、ＩｏＴ、ロボティクス等の先端技術が駆使される社会・「ソサエティ5.0が目指す社会」であり、同時に「人生１００年時代を迎える社会」、「グローバリゼーションが進んだ社会」、「地方創生を目指す社会」であるという。大学・高等教育がその「知の力」を通じて関わる将来の社会像は、かく多様で重層的である。

こうした社会を前提に、高等教育が目指すべき方向は、まず将来の「予測不可能な時代を生きる人材像」として、「普遍的な知識・理解に加えて、文理横断的で汎用的な技能」を身につけ、時代の変化に合わせて積極的に社会を支え、論理的思考力をもって社会を改善していく人材・「21世紀型市民」を育てることであるとする。その場合、高等教育が「個々人の可能性を最大限に伸長」させるため、当の学修者が、「何を学び、身に付けることができたか」を重視した、個々の学習成果を可視化でき、学修者の「主体的な学び」の質を高め、さらに生涯学び続けられる多様で柔軟なシステムを構築することが必要であるともいう。

(2)大学は「知と人材の集積拠点」

他方、「答申」は、本来、「学問の自由」および「大学の自治」によって保障される教育研究の自由が、「国力の源泉」となる新しい「知」を生み出す根幹をなすことを再確認すべきだとし、その上で、社会との関係では、高等教育は「知識の共通基盤」からさらに進んで、「知と人材の集積拠点」としての機能を継続的に発展させていくことが重要であるという。その場合、知や情報が経済的価値の源泉となることで、大学そのものが産業を支える基盤となることが期待されるとする。

ここでは、「学問の自由」・「大学の自治」の下に保障される自由な教育研究から創出され、発信する知や情報が、現実には、もっぱら経済的価値に還元され、本来それがもつ広範な人間的・社会的価値が背後に押しやられているかにみえる。そこにあるのは、両者の関係性の不透明さと論理の短絡である。

「答申」はまた、「研究力の強化と社会との関係」では、未知の世界に挑戦する学術研究の中で生み出される多様で卓越した「知」が、科学技術イノベーションの創出と発展を支え、その成果を社会的価値・経済的価値の創造に結びつけることで、社会からのニーズに応えていくものとしている。そして、大学は学術研究の成果を社会に還元し、教育と研究を通じて新たな社会・経済システムを提案していくことで、社会からの評価と財政的支援をうる好循環を形成していくことが必要であると説く。

ここでも、学術研究の成果・「知」は、もっぱらイノベーション創出に就縛される経済的価値に還元され、そこから、いわば〝トリクルダウン〟式に汎用の社会的価値に還元されることになるとする発想である。経済社会の関係と実態を見ない、説得力を欠く、短絡したデュアルユース論にみえる。

加えて、産業界の雇用のあり方、働き方改革と、高等教育が提供する学びのマッチングが必要不可欠であり、さらには大学内外の資源を有効に活用し、ガバナンスと教育研究を充実していく上でも、産業界との協力・連携関係を充実していくことが必要であるという。

(3)地域との連携の重要性

さらに、「個人の価値観を尊重する生活環境を提供できる社会・地方創生」への貢献という点で、大学の地域との連携の重要性が強調されている。すなわち、大学がもつ自発的研究機能は、教育機能とともに、それぞれの地域の社会、産業・経済、文化の活性化や特色・誇りの源泉となり、各分野において地方のポテンシャルを引き出すことになるとする。人々は、各人が望む地域で、自らの価値観を大切にし、自らがその環境を維持しその価値を創造して、豊かな営みを継続していく社会の実現にとって極めて重要な役割を担っているという。そこでは、大学のもつ教育研究機能が、おしなべて「地方創生」と結びつく〈環〉として位置づけられているかに見えるが、それを担う大学群の具体的な役割と、両者の関係性のあり方と展開は欠いたままである。

ともあれ、「答申」に込められた高等教育への期待は、総じて、大学のもつ「知と人材の集積拠点」としての機能を、ひたすら国際競争力の強化につながる、経済的価値創出のポテンシャルに還元する点にある。

（二） 教育研究体制――多様性と柔軟性の確保――

(1)多様性が大学の活性化につながる

大学は、「多様な価値観をもつ多様な人材が集まることにより、新しい価値が創造される場」だともいう。大学では、18歳で入学する従来型の学生だけでなく、あらゆる世代や多国籍の学生が学び（リカレント教育、留学生交流など）、同時に、若手、女性、実業家や外国籍のさまざまな人材が教員として活躍し、さらには文理横断の、学修の幅を広げる教育、多様で柔軟な教育（学位）プログラムや教育資源の共有が進むとされる。そうした、大学内外の人的・物的リソースの効果的な共有、外部理事の登用などを通じて、「多様性」を受け止める柔軟なガバナンスの構築が図られ、「強み」を生かした連携・統合の仕組みが整備され、進められなければならないとする。

ここでは、「多様性」なるタームが、将来の大学現場・キャンパスの様相を象徴するキーワードとされ、それに応じて教育研究の仕組みもガバナンス体制も柔軟に構築・運用されることで、大学がもつ多様な「強み」「特色」を明確化し、これを伸長・強化しなければならないという。「多様性」こそ、大学の活性化と革新を可能にする、重要な契機でありポテンシャルとされている。大学こそインクルーシブな社会の原型と捉える視点である。

(2)多様性を考慮した大学の連携・統合

事実、これに関連して示された〈具体的事例〉では、国立大学の一法人複数大学制の導入にからめて、法人の長と学長の役割分担と選考、理事（役員会）・監事、経営協議会、評価の在り方、複数の外部理事の登用促進がいわれ、併せて私立大学の連携・統合・事業譲渡や経営困難な場合の撤退や国公私立の枠組を越えた連携の仕組・「大学等連携推進法人」の導入が示唆されている。いずれも、前述した経済団体の「提言」「意見」や官邸文書で異口同音に語られた大学「改革」の核心部分が、口移しに再現された既視感のある文言である。

ここでは、大学の連携・統合が、「多様性」に応じた柔軟な人的・物的リソースの効果的な活用によって経営力の強化につながり、各々の大学がもついくつかの機能間の比重のおき方の違いに応じて、自らの選択に基づいて機能別に分化していくことで、人材養成の面でも各大学の「強み」や「特色」をより明確にしていくことができるとしたのである（※「答申」人材養成の三つの観点(例) 26ページ）。

こうして、二〇一六年以来の、機能別類型化（三つの重点支援枠組み）が同時に、人材養成機能の大学（群）別分化としても確認されたのである。ここでは、「多様性」をキーワードとしながら、大学の自主的な判断による多様で柔軟な措置や編成を可能にするのではなく、あれこれの〈具体的事例〉の提示を通じて、事実上、機能別類型を前提とした、一律の改革・措置に誘導しようとする政策的意図が透けて見える。

(三)　教育の質の保証と情報公開 ―「学び」の質保証の再構築―

(1)質保証システムの確立

「答申」は、社会のニーズを踏まえた、質の高い教育が望まれるとして、学生が何を学び、身に付け、学習の成果と成長がどう図られたかを明確にするとともに、大学の個性が発揮できる多様で魅力的な教員組織、教育課程になっているのかを確認する質保証システムが確立されなければならないとする。具体的には、各大学が教学面での改善・改革に資する取り組みを促し、充実を図る上での留意点と指針を網羅した「教学マネジメント」を確立し、単位や学位の取得状況、学生の成長実感・満足度、学修に対する意欲等に関する情報とともに、教育成果や教育の質に関する、全国的なデータとも比較可能な情報を把握し公表をしなければならないという。そこから、ディプロマ・カリキュラム・アドミッションの三ポリシーに基づいた体系的・組織的な大学教育・学位プログラムを点検・評価する共通の尺度をもとに、教育の質を不断に改善する教育システム（PDCAサイクル）の確立が求められ、そのためには設置基準の見直し、認証評価制度の充実を図ることが必要だとしている。

ここでも、「教学マネジメントに係る指針」に盛り込むべき諸事項が、【参考】として例示されている。すなわち、プログラムとしての学士課程教育と3ポリシーの策定、全学的教学マネジメントの確立、カリキュラム編成の高度化（ナンバリングや履修系統図での外部人材の参画）、アクティブ・ラーニングやICTの活用、柔軟な学修歴、主専攻・副専攻の活用、履修単位の上限設定や成績評価基準の適切な運用、履修指導体制の確立、学生個人の学修成果の把握、学生による授業評価、FD・SDの高度化、教学IR体制の確立、情報公表の項目や内容等に係る解説など、例示事項は詳細かつ具体的である。その上で、「指針」は各大学に特定の取組みを強要するものではなく、これらの事項を参照しつつ、それぞれの責任において、強みや特色を意識して、学修者本位の教育の質向上につながる具体的な方針を策定することが重要だとし、指針の採否はあくまで大学の自主的な判断と責任において行なうことと〈釘〉を刺している。ここでも、常套の「誘導的選択」の手法が用いられている。

(2) 教育成果の公表と問題点

学生の学修成果や大学全体の教育成果に関して、把握・公表が義務づけられる情報について、これも【参考】として例示的に列挙されている。例えば、「学修成果・教育成果の可視化」に関する情報としては、単位や学位の取得状況、進路の決定状況、学修時間などが、また「教育の質」に関する情報としては、入学者選抜の状況、学生の卒業・留年・中退率、教員当たりの学生数、履修単位の登録上限の設定状況、シラバスの内容、ＦＤ・ＳＤの実施状況など多岐にわたる。

そこにあるのは、把握・公表が〝義務〟づけられる事項が、選択可能な【参考】として〝例示〟されるという、パラドキシカルな事態である。容易に想像されるのは、こうしたがんじがらめの事項を指針として行われる教育の「質」とは、国が指向する価値観・指標に誘導されパターン化された「人材」教育でしかない。しかも、教学マネジメントに係る「指針」にせよ、学修・教育成果に関する「情報」にせよ、現実には、例示をもとに指標化された「事項」が、中期目標・計画に盛り込まれ、その進捗・達成状況が、常に評価に晒されることになる。すなわち、教育の質保証の名の下に、大学教育・教学が一律の指針によって事細かに枠組化されて全学的にマネジメント・管理され、その学修・教育成果が、教育の質に関わる共通指標のもとに、認証評価の対象となるということである。その結果、本来、「教育研究等の状況」について、自己点検・評価を基本とし、認証評価機関による評価結果を踏まえて、大学自らが改善を図るとする認証評価制度（ピアレビュー）は形骸化され、大きく変質することになる。現に、今次学校教育法の改正（第一〇九条五、七項）では、認証評価において、当該大学の教育研究等の状況について大学評価基準への適合認定を義務づけ、その結果、〈不適合〉とされた場合、文科大臣が大学に報告または資料の提出を求めるとしたことに如実である。教育研究に対する国の関与強化の法制化である。

そこでは、さまざまな分野・領域にわたる研究成果の上に教育課程が編成され、教員の自由な発想と責任の下に行われるべき、大学本来の教育の営みではなく、教員にとっても学生にとっても「学問・教育の自由」とはかけ離れた教育世界が現出する。こうしてビルトインされた教学マネジメントのもとで、「管理運営」される教育の状況に、戸惑い苦悩する大学現場の様子が想像される。

(四) 高等教育機関の規模や地域配置—あらゆる世代が学ぶ「知の基盤」—

(1)大学の規模の適正性と国公私の役割

「答申」では、二〇四〇年の大学進学率を一七年比で四・八ポイント増の57・4%とみるが、その間18歳人口は現在(二〇一七年)の約74%の八八万人と推定して、大学進学者は約一二万人減の五一万人に落ち込むとしている。こうした、減少傾向にある進学者数の状況を踏まえて、教育の質を確保した上で、「18歳中心主義」に囚われない、大学の規模の適正性を検討する必要があるとする。その際、教育の質を保証できない機関は厳しい評価を受けることになり、場合によっては「撤退」を余儀なくされる事態も覚悟しなければならないという。

また、国公私の役割については、それぞれの歴史的経緯と再整理された役割を踏まえて、地域における高等教育の役割を再構築し、高等教育の発展に国公私全体で取り組むことが必要だともしている。とくに国立大学については、四〇年頃の社会変化の方向を踏まえた、世界とわが国の「知」をリードする研究・教育を推進する役割/イノベーション創出のための知と人材の集積拠点としての役割/ソサエティ5.0の実現に向けた、計画的人材養成の役割/経済的観点からの需要は必ずしも多くないが、重要な学問分野の継承・発展のため、存続が必要な学問分野の維持や、理工系分野など施設設備に多額の予算を要する、財政的負担を伴う教育・研究を推進する役割など、新しい役割の再整理が必要であると説く。ここでは、将来の社会変化の方向を踏まえた、国立大学の役割と国家戦略上必要な理工系分野への資源の配分や規模に関する一定の方向性の検討を強く求めている。

(2)大学の連携、統合・再編、譲渡・撤退を促す

あわせて、地域における高等教育については、都道府県ごとの入学定員の実績値と将来（二〇四〇年頃）の推計値の比較によって、今後の定員規模や地理的な学部・分野の配置の在り方を検討した上で、それぞれの地域の特性を踏まえた、高等教育の将来像や連携・交流等の方策を地域の産業界や地方公共団体とともに議論する「地域連携プラットフォーム」の構築や、国公私立の枠組みを越えた連携の仕組・「大学等連携推進法人」導入の必要を説いている。こうした、人口減少に対応する、大学の適正な規模や地域配置に関わらしめた、プラットフォームや連携推進法人の構築・導入といった、大学に連携、統合・再編、譲渡・撤退を促す、前のめりの政策提起が際立っている。具体的には、国立大学における一法人複数大学制による再編・統合の示唆である。それは、将来にむけた人口減少とそれに連動して予測した、大学進学者・率の低下傾向を所与の前提とした、大学経営の効率化とリストラ政策の提起に他ならない。この点が、今次「答申」の核心部であるとすら見ることができる。

(五)　各高等教育機関の役割等——多様な機関による多様な教育の提供——

ここでは、新たに制度化された専門職大学・専門職短期大学をはじめとして、短期大学、高等専門学校、専門学校、並びに大学院など、多様な学校種・機関による多様な教育の提供について、それぞれの制度目的や修業年限、教育内容などの違いを踏まえた、課題検討の必要性を説いている。

まず、専門職大学・専門職短期大学では、高度な実践力を強みに、各分野での専門業務を牽引するとともに新たな価値創造を、また短期大学は、高齢者も含めた社会人へのリカレント教育を通じた地域貢献などの役割が期待されている。また、高等専門学校には、五年一貫の実践的な技術者教育とそこからの海外展開による国際化が、専門学校には、社会・産業ニーズ即応型の、多様で柔軟な教育と産学連携による職業教育機能や留学生、社会人の積極的な受入れも期待されるとしている。

あわせて、大学院については、研究者・大学教員・高度専門職業人など、高度な専門的知識と普遍的なスキル・リテラシー等を身につけ、今後の社会を先導・牽引できる高度な人材を育成する教育が期待されるだけに、明確な人材育成目的と社会ニーズに基づく学位プログラムとしての大学院教育の確立や、三ポリシーに照らしたコースワークと研究指導の適切な組み合わせなど、現状の改善にむけた体質改善が求められる。そこでは、大学院におけるリカレント教育の在り方や、将来的に国際競争力を底上げする観点から、博士人材のキャリア構築や企業における活用・処遇の改善など、大学院固有の課題の解決にむけた検討の必要性が説かれている。加えて、転・編入学など各高等教育機関の間の流動性を高め、より多様なキャリアパス実現の受け皿としても期待されている。

（六）　高等教育を支える投資―コストの可視化と多様なセクターからの支援―

「国力の源泉」である高等教育への、必要な公的支援の確保とともに、コストを可視化し、あらゆるセクターからの支援を拡充することが必要だという。すなわち、民間からの投資や社会からの寄付等によって財源の多様化を図るとともに、教育研究コストの可視化により、各機関が学生にどれだけのコストをかけて教育しているかを明らかにし、各高等教育機関が生み出す社会的・経済的効果と、それに要するコストを社会に提示して、公的支援を含めた社会の負担への理解を求め、引き続き必要な投資が得られる機運を醸成することが重要だという。とくに、高等教育機関の財源を安定的に確保するには、公的な支援だけに依存するのでなく、企業や地方公共団体、個人からの寄付等の支援とともに、委託費や事業収入、民間からの投資などの意欲的な確保に努めて、財源の多様化を図ることが重要であるという。そのため、課題解決型のビジネスモデルや、そのビジネスを支えるデータをはじめとする知的資源の活用によって、新しい産業の発展が期待できることから、「知」を高度に集積する高等教育が投資を呼び込み、同時に資産マネジメントに関わる取組みを速やかに進めていくことで、新しい資金循環メカニズムの構築が期待できるともいう。

ここでは、運営費交付金など公的支援に依存するだけでなく、自らの事業収入や民間企業からの寄付・投資などの積極的受入れで、財源の多様化を図り、財務体質の改善に努めるべきことが強調されている。そこにあるのは、財源の「多様化」論をタテにとった、大学の基盤的経費に対する国の措置の責任のすり替えであり、高等教育に向けた投資・コストも、それに応じた成果をもって回収されるべきとする、「費用対効果」論の発想である。

（七）今後の検討課題

「答申」は最後に、今後の検討課題として、設置基準等の質保証システム全体についての見直しや教学マネジメント指針の策定とともに、「地域連携プラットフォーム」の立ち上げにむけた助言、意見交換と、そのための「ガイドライン」の策定、「大学等連携推進法人制度」に関する認定基準の内容と連携推進のための制度の見直し、大学間の連携・統合（国立大学の一法人複数大学制、私立大学の学部単位の事業譲渡など）に必要な制度改正などを提起している。

この「答申」の主な論点を政策化するべく、柴山昌彦文科大臣は、二〇一九年二月に「高等教育・研究改革イニシアティブ」（いわゆる「柴山イニシアティブ」）を公表した。この構想は、①「高等教育機関へのアクセスの確保」、

②「大学教育の質保証・向上」、③「研究力向上」、④「教育研究基盤・ガバナンス強化」の四つの柱から成っている。①は低所得世帯の学生への経済的支援として、②は、教育の質保証と情報公開の促進／多様で柔軟な教育体制の構築／多様な学生の受入れ促進など、③は、研究人材（次代を担う研究者の確保）・研究資金（質の高い学術研究、基礎研究を支える財政支援体制）・研究環境の改革（研究機器等の整備と研究支援体制の強化を一体的に行なう「ラボ改革」）、④は、新しい評価・資源配分の仕組や人事給与マネジメント改革、経営と教学の分離など経営基盤・ガバナンス強化／一法人複数大学制、外部理事複数化など連携・統合の促進／オープンイノベーションシステムの整備など産学連携の推進として具体化されている。いずれも「答申」に盛られた主要な《改革メニュー》である。

その上で、①は、「大学等における修学の支援に関する法律案」（いわゆる高等教育の無償化）として、また②の「教育の質保証」では、認証評価の見直し項目の〈認証評価における適合評価の義務付け〉部分が、「学校教育法」改正法第一〇九条第五項及び第七項として、④の「一法人複数大学制、学外理事複数化」は、「国立大学法人法」改正法第一〇条三項および第一四条二項として、いずれも二〇一九年一月召集の第一九八国会（通常国会）に上程・可決された。

二 「答申」の問題と限界

以上にみたように、「答申」は、大学「改革」をめぐる経済団体の「提言」・「意見」や、官邸主導の各種文書で提示されたさまざまな「論点」を集約し、これを取り込み、今後の大学政策推進上の指針として整理・編成された内容となっている。しかも、提示された大学・高等教育「改革」の個々の内容は、具体的かつ詳細にわたっており、本来、当事者であるはずの、大学の主体的な条件や意思、判断を超えた「上から目線」の、統制色の強い「改革」メニューのオンパレードである。しかも、これら諸機関の審議過程での論点や議論の方向性が、運営費交付金の評価配分の拡充（二〇一九年度予算）や国立大学の法人統合（名古屋大・岐阜大の「東海国立大学機構」など）のような現実の事態を先導し、既成事実化を促している。「答申」はいまや、進行中の事態にお墨付きを与え、これを追認するとともに、改革促進事業補助金などを呼び水に、政府主導の大学「改革」を〝裏書き〟し、正当化するだけでなく、今後さらに加速させる役割を果たすとみなければならない。肝心の改革主体・当事者たる大学の「自主性・自律性」の余地は極めて限定されたものになってしまう。

（二）　中教審答申のどこが問題か

中教審が、「答申」に至る審議の過程で、政府の方針と政策方向を無批判のまま、焼き直し的に踏襲するだけでは、高等教育に新たな展望と責任をもって主体的に取り組もうとする大学をエンカレッジすることはできない。「答申」の現実は、大学の将来ビジョンを、モノトーンの価値観でデザインし、財界の意にほぼ《満額》で応えた内容という印象が強いからである。「答申」の問題性は、法人化以降の大学政策の検証を抜きに、その追認・上乗せに終始した上、さらなる大学「改革」が、この国が目指す近未来の社会像・ソサエティ5.0の実現に向けた《駆動力》とされている点である。

(1)「教育」と「研究」の切り離し

この場合、「答申」・グランドデザインにいう「高等教育」における「教育」と「研究」をどう捉えるのかである。目に付くのは、大学における高等教育を、もっぱら「学修者」の視点だけで捉えていることである。大学における「教育」は、「研究」と一体のものとして行われるところに価値がある、とみるのが大学人の通念である。「答申」で際立っているのは、教育の質保証のための、カリキュラムや学位プログラム、教育システム・方法、教学マネジメントと、それらによる学修・教育効果の可視化と評価システムの充実についてである。そこでは、教育と研究は切り離され、「教育」はもっぱら学修者の〝成果〟や〝成長〟の視点でのみ捉えられ、「研究」は新産業の創生やイノベーション創出に資する営みに矮小化されている。看過しがたいのは、「研究」の成果が、豊かで透徹した人間力を備えた、次代を担う人材の養成・「教育」に反映・還元されるという、大学教育の基本的視点の欠如である。

問題は、教育を研究との有機的連繋・一体性をより深化させ、高めるとする観点に立った、大学の組織運営や資源配分の在り方への目配りが欠落している点にある。目立つのは、大学教育の方向を一律の指針によってマネジメントし、教育課程に不断の改革・改善を促すシステム（ＰＤＣＡサイクル）を作動させ、その結果を一定の指標で「評価」に供する仕組みである。

本来、相互関係にある「研究」と「教育」を切り離して、大学の役割・機能を捉える論じ方は、予測困難とすらいわれる時代と社会の課題解決に応えるべき大学総体の、将来に向けた豊かな発展を期するグランドデザインとはおよそ縁遠いものといわざるをえない。「答申」が強調してやまない教育の「質」は、研究の豊かで多様な「成果」の上に確保されることを忘れてはならない。

(2) 教育研究のおかれている現実を無視

「答申」は、法人制度としての国立大学のあり方も含めて、法人化後の一連の大学「改革」についての、振り返り的な言及（総括・検証）のないまま、「将来像」に関わる論点を並べ立てているだけの感が強い。そこには、法人化後、今日に至る大学「改革」の下で起こっているさまざまな困難や矛盾、疲弊とすらいわれる事態を解決するための現実的・具体的な方策を講じる気配もみえない。まして、教育研究現場の担い手が法人化に伴う多忙化の渦中にあるとき、新たな業務（学位プログラムの管理、研究プロジェクト対応、広報活動など）を付加して教職員に一層の負担と困難を強いることは、肝心の教育研究をさらに衰退・悪化させるだけである。「答申」流の提言は、作文としては成り立つが、将来の発展に向けてのリアリティーがなく、大学現場を納得させるのは難しい。《上から目線》の指示調の「答申」から、その先に予想される法改正や制度改革の方向が見えるだけに、大学人の間に広がる鬱屈はさらに深まるだけである。

(3)見えない論理の一貫性

「答申」では、「2040年という22年先を見据えて、そこから逆算的に考え、必要な提言をした」とある。形はそうかもしれないが、内容からは、現在の状況判断を無批判的に前提においた四〇年を考えるに近い部分が多い。現在の屈折し、展望を失った大学の状況からの延長ではなく、さらなる未来を見据えた長期的展望に立った時に期待される四〇年でなければならないはずである。「百年の計」に相応しい、大学・高等教育のグランドデザインを描く場合の、時間軸の措き方と論点設定の問題である。

「多様性」「リカレント教育」「機能分化」「強み、特色」など、随所で多用されているタームも、財界・官邸版文書での説明通りの記述では格好がつかないので、文科省的に説明し直すということでは、物事の本質がぼやけてしまう。文字面では同じことを言っていても、その内容にリアリティーがないので、大学現場をいたずらに混乱・困惑させるだけで、結局、何も言わないことと変らない。例えば、「多様性」一つとっても、それぞれの大学・分野の強み、特色を生かすことが重要だと言いながら、現実には機能強化・重点支援にことよせて、大学を三つの類型に分化して画一的に扱う結果、大学の主体的な取り組みから生まれる、各大学がもつ多様な〈強み・特色〉

を生かす可能性を殺いでしまう。同様に、教員の持つ強みや持ち味を無視して、一律の型式で器に合わそうとするため、教員の間では軋轢を生むだけになり、結果としてやる気を失わせる。答申からは、大学の主体的で自由闊達な活動を引き出し、生かされるような工夫が抜けている。

前記の中教審「答申」（案）段階）に対して、国大協（一〇月一七日）をはじめ公立大学協会（一〇月一〇日）、私立大学連盟（一〇月一七日）など大学機関をはじめ、経済同友会、東京商工会議所など経済団体、および全大教、私大教など教職員組合の全国組織がそれぞれ「意見」を表明している。うち国大協は、すでに自らが策定・公表した「高等教育における国立大学の将来像」（二〇一八年一月）に照らして、答申の方向性は「当協会が取りまとめた将来像と軌を一にしており、基本的に賛同」できるとした上で、「答申」におけるグランドデザインの実現に向けた今後の施策の在り方について、国大協の「基本的な考え方」として、「国立大学の規模・役割について」、「大学の連携・統合等」、「グランドデザイン実現にむけた社会全体を取り込んだ取組み」を提示し、その上で、「答申」の具体的な記述・個々の論点に触れて意見を述べている。

(二)　中教審の限界

かつては、大学問題を議論する場として大学審議会があった。しかし、二〇〇〇年に大学審議会が廃止され、代って中教審に大学分科会が置かれることになった。ともに文科大臣の諮問を受け、答申を出すことに変わりはないが、その性格は大きく変わった。天野郁夫は「平成の大学改革再考」（ＩＤＥ 二〇一八年五月号）の中で、「大学審議会の後身である今の大学分科会には、もはやユニバーシティー・カウンシルの残影を見ることはできない。政策や改革の方向性を議論するよりも、官邸設置の実行会議や有識者会議などと呼ばれるさまざまな『会議』で決められるそれを、実施レベルで具体化するのが、大学分科会の主要な役割と化しているように見える」と述べ、加えて「それとともに、大学改革は大学審議会が理想とした大学と大学人自身による自主的で主体的なそれから、文科省、というより政府・官邸主導の改革へと大きく転換」され、答申の内容も、それまでは「改革を大学人の主体性・自発性に期待した答申と制度改正であった」ものが、「主体的自主性の名を借りて、半強制的に推し進めるものになった」と指摘している。中教審「答申」の今日的性格と、その本質を突いた指摘である。今回の「答申」も、その例外ではない。

三　国大協の「将来像」

(一)　国大協「将来像」の論点

国大協は、二〇一八年一月、「高等教育における国立大学の将来像・最終まとめ」（以下、将来像）を公表した。「将来像」は、同協会内に設けたワーキンググループ（座長・永田恭介筑波大学長）を中心に、一六年五月から二年に近い歳月を費やし、加盟大学と学長などでの議論を通じてまとめ上げた、全六章からなる提言書である。時期的には、中教審が一七年三月の文科大臣の諮問「わが国の高等教育に関する将来像について」を受けて、前述の「答申」に至る審議を、部内各機関・WG等で進めていた時間帯とほぼ並行する。

「将来像」は、まずわが国および世界の高等教育の歴史と現状、大学を取りまく社会構造の変化を踏まえて、わが国の高等教育全体のあり方と、国立大学に求められる使命を確認して自らの将来像を提言し、その実現に向けた方策を示したものとしている。そのうちとくに、ガバナンス改革・人事給与マネジメント改革・産学官による共同研究推進については、「将来像」本体の審議と並行して三つのWGを設けて、将来像実現のための基軸的な論点を整理し、具体的な方策を検討したとしている。

「将来像」は、将来の状況変化を踏まえた、わが国の高等教育全体の在り方と、人材育成、研究、規模および経営基盤（財政構造、規模）にわたる問題点を、次の五項目を重点に論じている。

〔重点一〕多様で学際的な学問分野の開拓を牽引し、国の発展の基盤となるイノベーション創出につながる高度な教育研究機能の向上

〔重点二〕国全体の均衡ある発展に貢献する人材育成と地域特性を生かした新産業の創出・地方創生に貢献する、地域の国公私立大学の連携の中核拠点としての役割・機能

〔重点三〕教員、理工系人材、医師などの政策的な人材養成を担う、大学の連携・協働の拠点としての機能

〔重点四〕文系・理系分野を問わず、国際的な諸課題への対応と新しい価値観の創造につながる、基礎的・伝統的な幅広い学問分野の研究の維持・継承

〔重点五〕わが国の学術研究の水準を高め、グローバル人材の養成を進めるため、海外の大学・研究機関との学術研究交流と発展途上国への科学技術面での支援

これらの実現に向けたステップとして、第三期中期目標期間で「大学機能の最大化」、すなわち、新たな知の創造および地球規模の課題解決に向けた研究力の強化と価値創造を継承し、高度知識基盤社会の発展を支える人材を育む教育の充実を図った上で、二〇二二年度から始まる第四期中期目標期間では、「将来に向けた準備」として、留学生や社会人など多様な入学者の受入れ拡大と、教育機能充実のための大学総体としての連携・協働、経営力の強化、国・地域・産業界等からの課題解決に資する仕組や戦略的投資の呼び込みなどが必要だとしている。

その上で、教育、研究、産学・地域・大学間の連携と協働、国際展開、規模・経営形態および組織運営・マネジメントの諸課題について、達成に向けて目指すべき、将来にわたる「方向性」を次のように提示している。

〈教 育〉

具体的には、学位プログラムの実質化と学生の大学間流動性の向上、大学間や地域・産業界と連携した教養教育、学生の実践・課外活動の充実を推進する。産業界と一体になった人材育成、人文・社会科学系大学院の強化、社会人などの受入れ拡大と実践性を重視したリカレント教育の提供。教員養成課程の機能強化、高度化の拠点としての教職大学院の役割・機能の明確化を図り、高大接続システム改革の着実な実現と国立大学全体としての統一的な入学者受入れシステムの構築を検討するなどである。

〈研 究〉

先鋭的な基礎研究に加えて、学部などの枠を越えた学際・融合分野の研究を推進する。また、各大学が強みをもつ分野を核として他大学・研究機関のネットワーク拠点の形成と流動性を向上する。若手・女性研究者の積極的採用・登用を推進する。年俸制やクロスアポイントメント制度を活用し、民間企業や海外の研究者の積極的招聘・採用などを促進する。

〈産学・地域・大学間の連携と協働〉

産業界や地域との共同教育プログラムの開発やインターンシップなどによる学生の幅広い学びの場を提供する。大学としての戦略に基づく大規模・長期・継続的な共同研究の推進や、大学・研究機関のネットワークと企業群が共同して、文理融合によりオープン・イノベーションにつながる研究の推進体制を構築し、その支援のための基金の創設を検討する。また、地方自治体や地域産業界と連携した人材育成と共同研究を推進する。

〈国際展開〉

国立大学総体として、留学生受入れの統一的なシステムの導入を検討し、英語による学位取得プログラムの拡充と留学生に対する日本語・日本文化教育、インターンシップ機会の提供による日本企業への就職支援、海外大学とのダブルディグリーやジョイントディグリーのプログラムの拡充を進める。大学としての戦略的国際共同研究、海外交流拠点の共同利用や複数大学のコンソーシアムによる国際交流・協力を推進し、留学生向けの教員養成プログラムの展開を検討すると共に、日本型教育システムの輸出に対応する。

〈規模・経営形態〉

少子高齢化などの人口動態や進学率、社会・産業構造の転換などを見据えて、大学の規模・組織形態等も考慮し、国立大学全体としては、留学生、社会人など多様な入学者の確保に努めつつ、少なくとも現状程度の規模を維持する。大学院は各大学の特性に応じて拡充を図り、学部も、進学率が低くかつ国立大学への進学者の割合が高い地域については、進学率がさらに低下しないよう配慮し、全都道府県に国立大学を置くという基本原則を堅持する。その上で、スケールメリットを生かした資源の有効活用や教育研究の高度化・シナジー効果を生みだすために、1大学当たりの規模を拡大して経営基盤強化を図り、さらにはより広域的な視野から戦略的に国立大学間の資源配分、役割分担などを調整・決定する経営体の導入を検討する。

〈マネジメント〉

経営に関する高度な専門的知識・経験を有する人材の経営担当理事・副学長としての活用を進め、学長をはじめとする大学の将来の経営層を育成するシステムや研修プログラムを共同で構築する。社会的ニーズの変化や学術の進展に対応した教育プログラムや研究プロジェクトの編成、教育組織と教員組織の分離などのより望ましい組織の在り方を検討する。教員のモチベーションを高めるため、各教員のエフォート管理、業務評価、処遇への反映などの適切な制度の在り方や、民間企業や海外の大学などを含めた人事交流促進のための制度設計の検討・普及を推進する。職員の企画力や専門性向上を図るとともに、URA（リサーチ・アドミニストレーター）など専門職の位置づけを明確化し、運営に必要な各種の基盤システムの共通化を進め、経営の効率化とIR（情報戦略）機能の強化による教育研究の向上や経営戦略立案に寄与する。財源の確保には、組織的な産学連携を推進し、税額控除制度を活用した修学支援基金の拡大とともに、税額控除の対象範囲拡大を求めていく。さらに、不動産の活用や資産運用の弾力化、正規外の教育プログラムの開設などを通じた財源の多様性を促進する。

これらの諸点では、前述の中教審「答申」の論点や内容とさほどの開きはない。それだけに、中教審「答申」への筆者らの疑念を払しょくするためにも、大学独自の視点から教育研究、組織運営等の「方向性」の提示を期待したいところである。ともあれ、「将来像」は、今後のさらなる改革の進め方として、次のように述べている。すなわち、大学の規模を含めた高等教育の将来構想や、人事給与マネジメントおよびガバナンス改革については、「今後更に改革の在り方や改革促進のために必要な国の制度・施策の在り方も含めて早急に検討し、具体的な方策案を提言」し、国立大学の将来像の実現に向けて、国大協および各国立大学において、「早急に具体的な行動計画を立て、国、地方自治体、産業界をはじめ広く社会の理解と支援を得ながら改革を加速していきたい」としている。その場合、とくに「大学関係者自らが作り上げる主体的な『連携』『協働』『役割分担』や自律的な『質保証』の説明が極めて重要になる」（『将来像』最終まとめ 18ページ）としている。

（二）「将来像」の可能性と現実

「将来像」提言で、これまで国立大学が果たしてきた役割・機能をさらに重点的に向上・発展させることが重要であるとした、前記〔重点一〕～〔重点五〕は、いずれもおおむね妥当である。問題は、その確実な達成を目指して提示された「方向性」に沿って、国立大学の「将来像」をいかに実現していくのかである。

国大協は、「将来像」を実現するための具体的な方策のうち、ガバナンス改革に関する検討状況を、二〇一八年六月、「国立大学の機能強化を促進させる組織・ガバナンスとそれに資する法・制度改正等の在り方（論点整理）（案）」（以下、「論点整理」）として、①連携・統合、②ガバナンス、③財務制度改革の方向性の三つの論点に取りまとめて公表した。

(1)論点①「連携・統合について」

まず、連携・統合については、限られた資源を有効活用して、多様なニーズに応えるべく教育研究機能を強化し、イノベーション創出を促進するためには、国立大学間のみならず公私立大学との協働・連携の強化と統合の推進が図られる制度の構築が重要であるが、その場合、各大学が最大限の機能強化を実現するには、その特性や地域性等に応じて、多様な連携・協働を可能にすることが不可欠である、としている。

具体的には、設置者の枠組みを超え、多様な財政支援を組み合わせて活用できる大学間連携や、複数の大学が業務の一部を共同して行う事務組合の導入や一定の事務等を共同で処理するための株式会社への出資を可能にするとともに、経営統合によって教育研究機能の強化を実現できるとみたときは、一法人複数大学の設置を可能にするなどの施策・制度の整備が必要であるとする。

この点、多様な教育・研究を充実・発展させるには、人的・物的資源の共有を進めるとともに、大学間の連携・協働、コンソーシアム、ネットワーク等の形成が、今日の諸状況の中で一定の現実的な意義をもつものとみる。とくに国立大学の場合、国からの財政支援を効率的に活用するためにも、さまざまな課題に応じたコンソーシアム、ネットワーク、拠点等を形成して、連携・協働や役割分担を積極的に進め、大学総体としての総合力の発揮に努めることは言うまでもない。

この場合、問題は、すでにみた経済諸団体の「提言」・「意見」や官邸主導の戦略文書、中教審答申が、いずれも将来の人口減少を背景とした「大学組織の規模・地域配置」論の中で、国立大学の法人統合や、国公私立の枠組みを越えた大学の連携や再編・統合、譲渡・撤退、機能分担を今後における大学「改革」の重要な論点として提示しているとき、国大協「提言」が意図する方向（大学総体としての総合力発揮）で、大学の主体的な判断と意思がどう貫かれるのかである。現実には、再編・統合による組織編成と運営体制の周到な検討と見極めが肝要であろう。

例えば、国立大学の法人統合（一法人複数大学制）でいえば、文科省・中教審「答申」の文脈では、組織的には経営と教学を分離し、法人の長（理事長）は法人経営の責任者として、人材や資金など経営資源の配分と運営を通じて、傘下の大学の教員や施設の効率的な活用でリーダーシップを発揮し、一方、教学の長（学長）は法人の経営方針にしたがって、大学の教育研究の実施体制、カリキュラムの編成などに限って権限や裁量が与えられるだけとなる。組織的には、経営が上位におかれ、教学がそれに従うという構図である。その結果、法人の経営判断で、特定の分野・領域に大学の資源が集中的・傾斜的に配分されるとすれば、大学のもつ多様な分野や領域で、長期的な観点から、それぞれの特色と強みを発揮して、大学総体として教育研究力を引き上げ、均衡ある発展を期することが困難となろう。経営優先の組織運営の下での、教育研究のいびつな発展と教学における「自主性・自律性」のさらなる後退・喪失につながりかねない。

事実、今次国立大学法人法改正によって、一法人複数大学制をとる場合及び管理運営体制の強化を図る特別の事情がある場合、従来、学長が担っていた学校教育法上の職務を行なう理事として〈大学総括理事〉を置くことができ、理事長が「国立大学法人を代表し、その業務を総理する」こととなった（第一〇条三項、第一一条二項）。こうして、改正法では、一法人複数大学制をとらない場合でも、大学が管理運営上「特別の事情」があると判断すれば、経営と教学の、組織・職務上の分離を可能にする法的根拠が明定されたのである。

問題は、法人統合に伴って、財界や官邸文書が構想する組織形態や運営のあり方と法制化に向けた現実の動きを前に、国大協自らが提示した「将来像」との間の整合と乖離をいかに見極め、対応していくのかである。

(2)論点②「ガバナンスについて」

ここでは、まず、大学間の連携・統合の推進をはじめ、多様な人的資源を活用した多様な教育研究を実現していくには、教学ガバナンスおよび経営力の強化が極めて重要であるとしている。

具体的には、学長の他に一定事項について専決権をもつ役員を置くことや、「法人の長」と「学長」をそれぞれおくことを可能とし、経営層の厚みとダイバーシティ確保による経営力強化の観点から、理事数の規定を撤廃あるいは大幅に緩和する法改正や、大学経営で求められる能力の養成や国内外の人的ネットワークの構築を目的とした現職理事やそれを目指す教職員等を対象とする研修プログラムの充実を図ることとしている。

ただ、この場合も、「法人の長」と「教学の長」を別々におくことや、経営力の強化を理由に専任理事の配置や理事数の増やすことなど、大学組織における「経営」サイドの強化が必要としているが、それによって肝心の教学・教育研究がいかに充実・強化されるのかの、両者の有機的な関係とシナジーが必ずしも明確ではない。ここでも、上記の国立大学法人法改正で可能となる、経営と教学の組織・職務上の分離が、肝心の教育研究にどう影響するのか、また、そうした事態にいかに対応するのかが課題である。大学の場合、ガバナンスの成否は、あげて教育研究のパフォーマンスに帰結するからである。

(3)論点③「財務制度改革の方向性について」

新たな社会的ニーズに応え、国立大学における教育研究をさらに多様化し発展させていくためには、運営費交付金の安定的確保はもとより、外部資金、自己収入等の拡充や資産の活用・運用等による財源の多様化を図ることが必要だとしている。

具体的には、長期借入金の借入れや大学法人債券の発行が可能な事業等の要件緩和や、大学改革支援・学位授与機構債券の発行要件の拡充・活用、全国・地域における産学官プラットフォームの構築と基金の創設による共同研究の推進などである。さらには国立大学が行なうことができる収益事業の範囲および出資対象の拡大や、資産運用を複数の大学が共同して行なうことができる仕組み、メンテナンス・更新のための積立金の制度化等、財政制度改革に資する国立大学法人会計基準の見直し、運営費交付金の安定的・確実な措置を前提とした授業料設定の柔軟化などが提起されている。

ただこの場合、財源の多様化策として、長期借入金や大学法人債券の発行、資産運用や収益事業の拡大など「財テク」を促すかの提言は、財界型大学「改革」論に通底する大学「企業化」への懸念と相まっていささか違和感を覚える。

ここでは、運営費交付金が法人化後引き続き削減されてきたことが、国立大学の財政基盤を不安定・脆弱化せしめた現実にまず目を向け、その安定的で確実な措置を求めることが、そもそもの前提であろう。確かに、国大協はこの間、二〇一八年七月一〇日には、各国立大学がそれぞれの経営戦略に基づき、中期的な見通しをもって自律的・戦略的運営が可能となる制度の確立を訴えて「中期目標期間を安定的に運営できる評価及び運営費交付金制度の改善について」を、つづく八月七日には、国立大学が我が国の発展に貢献し続けるためにとして、「平成三一年度予算における国立大学予算の充実及び税制改正について」の要望を発出してきた。

各大学の現実は、基盤的経費たる運営費交付金の引き続く削減の結果、競争的外部資金への依存を高めざるをえない中で、文科省が繰り出す矢継ぎ早の、財政誘導的な「改革」政策への対応で、「大学の自律性を高め、戦略的な経営を可能」にする道を、実質的に殺いでいる点を見なければならない。大学が、絶えず財政的な不安と飢餓に脅かされている状態こそ、大学が主体的・自律的に業務運営を進め、戦略的な経営の展開に注力することを困難にしているからである。

それは、すでに国大協が発出した二〇一八年一一月の「声明」(「国立大学法人制度の本質に則った運営費交付金の措置を!」)で指摘された通りである。そこでは、財務省・財政制度分科会が打ち出した、再配分枠を10%程度(一〇〇〇億円)にまで拡大する方向は、大学の「自律的・戦略的な経営を困難にし、中長期的な視点に立った着実な改革を阻害」する上、とくに「財政基盤の弱い大学の存在自体を危うくし、ひいては我が国の高等教育及び科学技術・学術研究の体制全体の弱体化さらには崩壊をもたらしかねない」として、これに強く反対する姿勢を示している。

この反対「声明」は、国立大学の代表機関たる国大協として至極当然である。

しかし、すでに成立した一九年度予算では、従来の運営費交付金の1%相当分(約一〇〇億円)の「重点支援評価」に基づく配分枠を一挙に三〇〇億円に引き上げた上、新たに運営費交付金のうち七〇〇億円を、教育研究の成果に係る共通指標(外部資金獲得実績やトップ10%論文数等)に基づく「再配分枠」として措置した。一九年度の運営費交付金は、総額では前年同額の一兆九七〇億円だが、そこから上述の機能強化・評価対象経費など、「傾斜的重点配分枠」分（総額一〇〇〇億円）を差し引くと、基幹的経費はさらにやせ細ることになる。しかも、財務省は、第四期中期目標期間が始まる二二年度からは、「成果に基づく配分枠」を交付金全体に広げる方針ともしている。国大協の懸念は現実のものとなりつつある。

　また「評価」が教育・研究活動全体に及ぶとすれば、それは個々の教員の業績評価につながり、そこから評価結果に基づく「業績給」や「年俸制」など、政府・文科省型の人事給与マネジメント改革がいよいよ現実性を帯びてくる。こうして、自由な発想で創造的な知を育み、中長期的な研究計画を基に成果に辿りつく基礎研究や、本来、その成果が長期的・潜在的なものとしてしか表われない教育活動は、その埒外に置かれる。こうした、憲法が保障する「学問の自由」と、教育研究に対する国の、あからさまな介入・統制が懸念されるとき、これに対応する国大協の軸足と判断、発出するメッセージの本気度が問われる。

　いま求められているのは、「将来像」の実現に向けて、「改革の進め方や改革促進のために必要な制度・施策の在り方を含めて、早急に検討して具体的な方策案を示し、国大協および各国立大学において、早急に具体的な行動計画を立て、国、地方自治体、産業界をはじめ広く社会の理解と支援を得ながら改革を加速していくこと」（【おわりに】）に、いかに主体的に取組んでいくのかであろう。期待されるのは、中教審が提示する指針や文科省が繰り出す大学「改革」政策に後追い的に対応するのではなく、大学が侍すべき本来の使命と役割の上に、これに拮抗・対峙する姿勢と行動である。国大協の旗幟のもとに、加盟の国立大学の強固な連携と共同行動を強め、真に「自主・自律的」な改革を成し遂げることへの期待は大きい。

四　大学再生への道

以上、二つの章にわたって言及した「大学改革」論の大半は、いずれも二〇〇四年の国立大学法人化後の一連の大学「改革」の現実の上に、今後さらなる取り組みを求めて提示された国主導の、新しい次元の「改革」路線と方向である。しかし、この十有余年にわたる、矢継ぎ早の「改革」に翻弄された国立大学の現実は、基盤的研究費の枯渇と中核的研究者確保の困難を前に、教育研究力の低下と衰退・劣化が加速する姿であり、文科省が繰り出す「通知」や指示の前に展望を失い、ジレンマに苦しむ大学現場の鬱屈と疲弊である。本章後半でみた、国大協の「将来像」が、そうしたジレンマを乗り越える、八六国立大学の総意を結集する《力》となりうるか、期待をもって注目したい。

そうした大学現場の苦悩をよそに、政府は、近年の論文の質・量の国際的地位の低下等「基盤的な力」の弱体化は大学の経営・人事システム改革の遅れに原因があるとしている（第五次科学技術基本計画）。それは、まさに本末転倒であり、その原因はあげてこの間の大学「改革」の推進にこそある。いま随所で露呈しているのは「改革の不条理」（菊澤研宗）である。

こうした現実を前に、改めて想起されるのは、かつて日本学術会議第二常置委員会が発出した「大学問題―危機とその打開への道―」（二〇〇〇年一月）で示した次の一文である。

「いま進められようとしている『独立行政法人化』は、行財政改革の一環として効率化、人員や予算の削減を主目的に提起されたものであり、大学における教育・研究上の要請を基礎にしたものではない。主務省の監督権限が実質的に強まり、官僚的統制の強化を招き、予算と定員のみが削減されるという事態につながる危険性はきわめて大きい」

とし、このまま一方的に法人化が進められれば、「日本の大学は国際的にも立ち遅れ、将来に重大な禍根を残すことになる」と警告を発している。まさに今日の事態を言い当てた、正鵠を射た指摘である。

大学キャンパスが生き生きとした教育現場として甦り、「研究の質と量」が国際的にも誇りうる地位を確保して、大学本来の「活力」を取り戻すには、ひたすら財界の意に沿った政府・文科省型の大学「改革」の方向ではなく、教育研究の「基盤的な力」を支える人的・財政的資源の安定的確保の上に、大学自らの主体的な判断と構成員の合意に基づく自律的な改革を可能にする道を手にすることである。

いうまでもなくそれは、時代と社会の多様な要請を視野に、大学の教育研究の原点・「学問の自由」の憲法原理に立ちかえり、「大学の自治」を体現した真に〈自主・自律的〉な運営のもとに、国民に責任を負う「公共財」に相応しい大学再生の地平を切り拓くことである。目指すべきは、財界の意にそったモノトーンの世界ではなく、日々の地味な教育研究の営みから創り出される、多彩な「知のグラデーション」の展開である。真の意味での「国力の源泉」としての大学の価値と負うべき責任を見誤ってはならない。

"パレーシア"の勇気を

大学と学問の世界がこれほどひどい受難を経験するとは誰が予想しただろうか。その要因が、法人化によって、大学の理念とは相容れない目標管理システムを国立大学法人に組み込んだためだとしても、それだけでは理解できない。

かつての時期、国大協や多くの大学人が、この仕組みのもつ陥穽や危険を見極めないまま、法人化を許したことの甘さにその本質があるのではなかろうか。ともすれば自らの狭い領域で、自閉的に研究に打ち込むことに安住し、広く学問世界を俯瞰し、大学の基本的使命やあり方について論ずることへの怠慢に加えて、あえて権力と戦うだけの論理と勇気を持ちあわせず、同調圧力に身をゆだねた大学人の弱さでもある。この弱さに付け込まれ、効率優先・成果主義を至上とする「競争原理」と「選択と集中」の渦に巻き込まれ、大学は「格差の拡大」と「機能分化」で引き裂かれようとしている。

「パレーシア」について論じたフーコーは、生命の危険を冒してでも公益のために、勇気をもって、率直に真理を語ることの大切さを説いている（M・フーコー 中山元訳『真理とディスクール』二〇〇二年 筑摩書房）。フーコーのこの言説は、あたかも、現代の大学人に向けられているように思える。それは、「あなたたちは身の安全に守られている。それ故に、いつまで沈黙を続けるのですか」とした、重い問いである。

真理探究の価値を「学問の自由」に求め、「大学の自治」を存立の原理とする大学こそ、勇気をもって"真理"を語るべき場であろう。期待されるのは、学問を大学の手に取り戻す勇気である。これこそがアカデミック・エシックスではないか。そこから、いま政治世界に蔓延する反知性主義を許さない"力"も生まれるはずである。

我々を取り巻く危機的状況とそれを乗り越えるための"勇気"は大学人だけのものではない。政治、経済、社会、教育・文化の各分野でも、その担い手たちは、持続可能な地球と人類社会を将来世代に引き渡すべく、相応の責任を負うことを求められていよう。それは、現に政治や行政に携わり、経済や企業経営など産業界を担う人たちにとっても、等しく負うべき責任であり、そのために勇気をもって語り、行動すべき共通の使命であろう。

フーコーがいう、危険を冒してでも守るべき「公益」とは、それら社会の体制の側に身をおく人たちにとっても、自らの存立に関わる不可避の普遍的な価値だからである。未来を生きる子どもたちに恥じないためにも。

（田中弘允）

coffee break

第三章　大学教育を見直す

大学はかってのエリート教育からユニバーサル教育の段階に進み、大学も多様化する中で、急激な社会の変革に合わせ、それぞれ特色を発揮し、その社会的使命を果たすべく取り組んでいる。確かに、教育施設や環境も整備され、授業の教え方も、学生のためにと改善された。しかし、本来の主体的な学びとは異なり、学生の生徒化が進行した。

昨年（二〇一八年）暮れに出された中教審「将来構想答申」により、大学はさらなる改革が迫られていくであろう。従来もそうであるように、国は、教育改革と称してその政策を画一的に押し付け、大学は、それをほぼ無抵抗に受け入れてきた。それで良いのだろうか。肝心なことは、教育システムや教育方法の改革ではなく、教員と学生とが互いに信頼し、学びを創っていくことではなかろうか。そのためには、教育を大学に閉じるのではなく、広く社会に開き、社会の信頼を得る、これこそが大学が主体的に取り組まなければならないことである。

一　大学教育改革で何が変わったのか

（一）　大学教育改革の動き

⑴大綱化と認証評価

一九九一年に大学審議会答申「大学教育の改善について」を受け、大学設置基準が大綱化され、各大学の教育課程を独自に組むことが可能となり、多様化が進んだ。多くの大学で教養部が廃止され、同時に自己点検・評価システムが導入された。

大綱化の流れの中でその後も、教育の質の向上を目的とした、さまざまな提言が大学審答申等で打ち出された。例えば、一定期間内で同時に履修できる単位数に上限を設ける「キャップ制」、厳格な成績評価の指標として一定の算出方法で得られるＧＰＡ制、授業内容を体系的に提示するシラバスの作成、キャリア教育、初年次教育、補習教育、学生による授業評価、さらには、学士課程の目的、教育内容・方法についての組織的な研究・研修（ＦＤ）などである。

法人化直後の〇四年には、認証評価制度が導入された。翌〇五年一月の中教審答申「我が国の高等教育の将来像」では、三つのポリシーと呼ばれる、入学者受入れ方針（アドミッション・ポリシー）、教育課程編成・実施の方針（カリキュラム・ポリシー）、学位授与の方針（ディプロマ・ポリシー）の公表が義務づけられた。

⑵「学士力」とキー・コンピテンシー

一方、〇八年一二月の中教審答申「学士課程教育の構築に向けて（答申）」（以下「学士課程答申」という）において、「学士課程教育における方針の明確化」、「公的及び自主的な質保証の仕組みの強化」、「基盤となる財政支援」など、従来の方針のさらなる徹底を図るとともに、学士課程共通の学習成果に関する参考指針として「学士力」を示し、大学卒業までに学生が最低限身につけなければならない能力として、次の四分野について一三項目を挙げている。

○知識：多文化・異文化に関する知識の理解／人類の文化・社会と自然に関する知識の理解
○汎用的技能：コミュニケーションスキル／数量的スキル／情報リテラシー／論理的思考力／問題解決力
○態度・志向性：自己管理力／チームワーク・リーダーシップ／倫理観／市民としての社会的責任／生涯学習力
○総合的な学習経験と創造的思考力

そこでは、大学で学習し身に付ける資質の一つに「知識」も位置づけられているが、「どんな時も汎用的に役立つジェネリックスキル（能力・態度・志向）」が強調されている。これは、ＯＥＣＤ（経済協力開発機構）において、「単なる知識や技能だけではなく、技能や態度を含むさまざまな心理的・社会的なリソースを活用して、特定の文脈の中で複雑な要求（課題）に対応することができる力」として挙げている三つのキー・コンピテンシー（主要能力）、すなわち、

○社会・文化的、技術的ツールを相互作用的に活用する能力（個人と社会との相互関係）
○多様な社会グループにおける人間関係形成能力（自己と他者との相互関係）
○自律的に行動する能力（個人の自律性と主体性）

を反映した結果である。

さらに答申では、これらを達成するための教育方法として、

「学士力は、課題探求や問題解決等の諸能力を中核としている。学生にそれを達成させるようにするには、既存の知識の一方向的な伝達だけでなく、討論を含む双方向型の授業を行うことや、学生が自ら研究に準ずる能動的な活動に参加する機会を設けることが不可欠である」

とも述べている。

中教審はさらに四年後の二〇一二年八月に、「新たな未来を築くための大学教育の質的転換に向けて～生涯学び続け、主体的に考える力を育成する大学へ～（答申）」（以下「質的転換答申」という）を答申したが、基本的には、〇八年の「学士課程答申」と同様の内容である。なぜ短期間に似たよう答申が相次いで出されたのか。

「学士課程答申」での「大学に期待される取組」は、各大学の主体的な取組みの参考となることを期待して提示したメニューで、「各大学に直接指示する性質のものではない」とするにとどめていたが、その後の大学の動きが鈍い上に、大学改革への圧力もあって、一二年の「質的転換答申」では、「各大学が大学支援組織や文部科学省、地域社会、企業等と連携しながら、改革サイクルの中で、着実に実行するための具体的な手立てを明確にしたものである」とやや強制的なニュアンスに変わった。

(3) 教育の質的転換とアクティブ・ラーニング

大学教育に関する中教審答申の多くは、これまでは、教育の仕組みを中心としたものであったが、「質的転換答

申」は授業内容・方法にまで踏み込んでいる。例えば、「４．求められる学士課程教育の質的転換」の中では、「想定外の事態に遭遇したときに、そこに存在する問題を発見し、それを解決するための道筋を見定める能力が求められる」とし、次のように能動的な教育（アクティブ・ラーニング）への転換を強調している。

「生涯にわたって学び続ける力、主体的に考える力を持った人材は、学生からみて受動的な教育の場では育成することができない。従来のような知識の伝達・注入を中心とした授業から、教員と学生が意思疎通を図りつつ、一緒になって切磋琢磨し、相互に刺激を与えながら知的に成長する場を創り、学生が主体的に問題を発見し解を見いだしていく能動的学修（アクティブ・ラーニング）への転換が必要である。すなわち、個々の学生の認知的、倫理的、社会的能力を引き出し、それを鍛えるディスカッションやディベートといった双方向の講義、演習、実験、実習や実技等を中心とした授業への転換によって、学生の主体的な学修を促す質の高い学士課程教育を進めることが求められる。学生は主体的な学修の体験を重ねてこそ、生涯学び続ける力を修得できるのである」

なお、「学士課程答申」では、能動的学習の前提として、研究者としての教員の役割について、次のように述べている。

「研究という営みを理解し、実践する教員が、学生の実情を踏まえつつ、研究の成果に基づき、自らの知識を統合して教育に当たるということが改めて大切な意義を有する。すなわち、教育と研究との相乗効果が発揮される教育内容・方法を追求することが、ユニバーサル段階の大学にとって一層重要である」

同様に、「質的転換答申」でも研究能力の向上とともに、能動的学習が、単に教育内容・方法にとどまらないことに言及している。

⑷教育の質的転換と学修時間の増加

さらに、「質的転換答申」は「6．学士課程教育の質的転換への方策」の中で、「学士課程教育の質的転換への好循環のためには、質を伴った学修時間の実質的な増加・確保が不可欠である」とし、そのためには、「学生の主体的な学習の確立」とともに、「学修時間の実質的な増加・確保」は、以下の諸方策と連なって進められる必要がある」として、論点を次のように整理している。

〈教育課程の体系化〉

大学、学部、学科の教育課程が全体としてどのような能力を育成し、どのような知識、技術、技能を修得させようとしているか、そのために個々の授業科目がどのように連携し関連し合うかが、あらかじめ明示されること。なお、大学としての学位授与の方針に対して授業科目数が過多であったり、科目の内容が過度に重なっている場合は、その精選の上に体系化が行われる必要がある。

また、科目を履修する学生をはじめ、当該大学、学部、学科等が提供している教育課程の内容に関心を持つすべての人に教育課程の体系が容易に理解できるように、科目間の関連や科目内容の難易を表現する番号をつける（ナンバリング）など、教育課程の構造を分かりやすく明示する工夫が必要である。

〈組織的な教育の実施〉

体系的な教育課程に基づいて、教員間の連携と協力による組織的教育が行われること。往々にして大学の授業（授業科目）は個々の教員の責任に委ねられ、教員の専門性に引きつけた授業科目の設定が行われてきたが、学士課程教育の質的転換のためには、教員全体の主体的な参画による教育課程の体系化と並んで、授業内容やその実施に関わる教員の組織的な取組みが必要である。

〈授業計画（シラバス）の充実〉

学生へ事前に提示する授業計画（シラバス）は、単なる講義概要（コースカタログ）にとどまることなく、学生が授業のため主体的に事前の準備や事後の展開などを行うことを可能にし、他の授業科目との関連性の説明などの記述を含み、授業の工程表として機能するように作成されること。

〈全学的な教学マネジメントの確立〉

教員の教育力の向上を含む諸課題の発見と解決を進めるため、学長のリーダーシップの下、全学的な教学マネジメントを確立し、大学教育の改革サイクルを展開させること。

こうした具体的な指摘を見ると、これまで大学にはなかった、大学版学習指導要領への第一歩かとも思える。書かれていることはもっともであるが、それで、学生の主体的な学習の確立や学修時間の実質的な増加・確保につながっていったのであろうか。

（二）　学生はどう変わったのか―学生の現実―

教育改革の流れに合わせて、国公立大学はもとより私立大学も含め、さまざまな教育改革に取り組み、その実施状況が進んでいることは文科省の調査「大学における教育内容等の改革状況について（平成28年度）」等にも示されている。

(1) 主体性を失い生徒化した学生

このような改革の動きは学生にどのような影響を及ぼしたのであろうか。ベネッセ教育総合研究所の「第3回大学生の学習・生活実態調査報告書（2016年）」には、二〇〇八年、一二年、一六年の三回の調査結果をもとに、八年間にわたる変遷が示されている。

それによると、「授業の予復習や課題をやる時間」と「大学の授業以外の自主的な学習」を合せた週あたりの学習時間は、〇八年の四・一時間から一二年は五・二時間と増加しているが、一六年には逆に五・〇時間と減少している。同じ傾向は大学の授業出席時間にもみられ、一二年の一三・一時間から一六年は一一・七時間と減少している。逆に増加の顕著なのはアルバイト時間で、一二年度の六・五時間から一六年度は七・七時間に増加している。一二年の「質的転換答申」では「学士課程教育の質的転換への好循環のためには、質を伴った学修時間の実質的な増加・確保が不可欠である」と強調されていたが、答申の願いは裏切られたともいえる。

さらに、学習への関心については、「あまり興味がなくても、単位を楽にとれる授業がよい」と回答している学生が、一六年には61・4％（八年間で12・5ポイント増）、「大学での学習の方法は、大学の授業で指導をうけるのがよい」が50・7％（同11・4ポイント増）、「大学生活については、大学の教員が指導・支援するほうがよい」が38・2％（同22・9ポイント増）といったように、興味よりも楽な授業を好み、大学の支援・指導を求める声が大きく増加していることを示している。

この調査結果を踏まえて、杉谷祐美子は、「2008年から開始された3回にわたる本調査からは大学教育改革が進展してきたことは明らかであり、それはアクティブ・ラーニングの増加など授業レベルの工夫、教授・学習法の改善にまで及んでいる」とする一方、「残念なことに、本来、こうした改革は自律的な学習者を育成し、主体的な学習を促すことを目的としているにもかかわらず、経年比較で見たとおり、現状はむしろそれに逆行するかのような『生徒化』が進行しているといわざるをえない」と指摘している。

(2) 教育改革の何が問題なのか

溝上慎一は、二〇〇七年から一〇年、一三年、一六年と三年おきに実施した大学生の実態調査をまとめた「大学生白書２０１８―いまの大学教育では学生を変えられない―」（二〇一八年八月東信堂）で、「文科省のリードでさまざまな改革がなされてきたこの10年間、大学生の学力はほとんど変わっていないか、観点によっては成長が落ちているとさえいえる」と述べている。

恐らく、大学教育改革の目指す方向は間違ってはいないのかもしれないが、こうした手厚い指導のため、かえって学生は受け身になった可能性が高い。溝上は、「大学生を『学生』として扱い、『学生』らしい振る舞いを求めること、ある意味、『大学』の復権こそを、改めて検討してもよいのではないだろうか」と述べている。まさに、教育改革とは何かの本質を突いたものといえる。

現在進められている教育改革が無駄とは言えないが、トップダウン的に行われる改革が、大学サイドでは形式化された受け身の業務の一環となり、ひいては、学生も受け身となっていれば、結果として学生個々の育ちの支援になっていないと考えられる。

こうした教育改革に対して、前著で、以下のように指摘した。

「大学現場はいま、「教育の質」の確保が強調される中、多種多様な教育方法の開発と教育システムの改革に取り組んでいる。まさに百花斎放の感がある。問題は、果たして、それらが学生にとって、有意義な教育改革につながるのかである。肝心なことは、こうしたあれこれの多彩な「教育の「メソッド法」や「教育システム」論以前に、基本をなす「大学教育」論そのものを明確にし、共有することであろう。それを欠いた、単なる「教育方法・システム」論は、大学教育を「技法」の世界でもてあそび、学生のもつ、多様で豊かな知の可能性を殺ぐ結果になりかねない。心すべきは、「教育の質」の確保が、教育の方法やシステムの次元に矮小化されて、事足りることではないということである。それを取り違えた時、最大の犠牲者は学生である」

教育システムや技法の改革に教員を追い込むのではなく、教員を多忙化から解放し、教員と学生の信頼感のもと、ともに質の高い授業を創り上げることこそ、いま重要な課題ではなかろうか。

山田剛史は『学生エンゲージメントが拓く大学教育の可能性』（ベネッセ教育総合研究所二〇一八年）の中で、「多くの大学では、質保証のためのさまざまな制度やツールが導入されつつあるが、『制度あって、関与なし』という状況に陥ってしまっているのではないか。より重要なことは、制度の有無ではなく、教職員の関与によって学生の関与を高められているかということではないか」と述べている。また、学生の実態調査から「教員による人間的な関わりは、学生の学習のみならず、成長・発達という側面においても肯定的な変化をもたらす可能性が示唆された」とも述べている。今一度大学の教育改革とは何か考えるとき、「人間的な関わり」をいかに実質化できるかを考えることが必要ではなかろうか。

二　改革で質の保証がえられたか

（一）教育の質の保証をめぐって

国の規制緩和の方針を受け、中教審は二〇〇二年八月に答申「大学の質の保証に係る新たなシステムの構築について」をまとめ、「国の事前規制である設置認可を弾力化し、大学が自らの判断で社会の変化等に対応して多様で特色のある教育研究活動を展開できるようにする。それとともに、大学設置後の状況について当該大学以外の第三者が客観的な立場から継続的に評価を行う体制を整備する」とし、質保証システムの事前規制型から事後確認型への移行を踏まえ、〇二年に学校教育法を改正し、認証評価制度を導入した（二〇〇四年四月実施）。

ところがこうした背景とは別に、九九年「分数ができない大学生―21世紀の日本が危ない」が出版され、「ゆとり教育」の批判とあいまって、大学生の学力低下がマスコミなどを賑わした。

「ゆとり教育」と学力不足の相関の有無については諸説あるが、もし学力不足が「ゆとり教育」に起因しているなら、センター入試の成績にも表われてもよさそうである。しかし、18歳人口の減少が進む中で、受験生数（進学率）は増加していても顕著な学力低下はみられない。結局大学生の学力不足の確たる実証がないまま、我が国の大学生の修了率が外国より高いことから卒業が楽だとか、授業以外の学習時間が少ないという、以前から言われていた問題に向けられている。

単位制の実質化は、授業以外の学習時間（授業一時間に対して授業外二時間の学習）の確保が前提である。その対策の一つとして取られたのが、学生が年または半年で履修できる科目（単位）に上限をおく「キャップ制」である。これによって、無理なく授業外の時間が確保できるということであるが、それは算数上のことで、直接単位の実質化につながる話ではない。結局、授業以外の学習の増加にはつながらないどころか、先に示したように、学生の授業時間外の学習はかえって減少さえしている。

学習時間の少ない原因が、アルバイトなどで生計費を稼ぐ必要のある学生がいることも否定できないが、多くの学生にとって、授業外学習への意欲が、他に比べ相対的に低いということである。授業に出席しているだけで単位は取れるし、採用時に学生が学んだことが適正に評価されるわけでもないからである。学生にとっての大学は、学問をするためではなく、就職のための通過点に過ぎないということであれば、学問を学ぶ動機は下がってしまうのも当然かもしれない。

(二)　質の保証と就職活動

キャップ制は、一、二年次に集中している授業を四年間でバランスをとることでもある。ところが、三年生の秋が過ぎる頃になると、就職活動の一環であるエントリーシートの受付が始まるなど、就職に熱心な学生は、就職モードに入るため、落ち着いて学習ができなくなる。早すぎる採用活動が学生の学びを阻害している。

この問題は企業自身からも指摘されていることでもある。例えば経団連は「18歳までに社会人としての基礎を学ぶ―大切な将来世代の育成に向けて中等教育、大学への期待と企業がなすべきこと―」(二〇〇九年〇二月)の中で、「採用活動の時期や面接時間、さらに内定後の研修や課題、誓約書の提出要請に関しても節度ある行動をとるなど、学生が卒業まで勉学に専念できるよう配慮しなければならない」と述べている。また、昨秋(二〇一八年一〇月)の記者会見における経団連会長の「就活ルール廃止」の背景として、「今後の議論において重要なことは、大学の教育の質を高めることである。学生の学修時間が世界的に見て不十分との認識をもっており、未来投資会議ではそうした大学教育に関する本質的な議論をしたい」と述べている。

その一方、大学におけるキャリア教育を不十分とみたて、中央教育審議会は「今後の学校におけるキャリア教育・職業教育の在り方について」（答申）を二〇一一年一月に取りまとめ、キャリア教育推進の必要性を示した。また、同年二月に公布された、大学設置基準の四十二条の二に、「大学は、当該大学及び学部等の教育上の目的に応じ、学生が卒業後自らの資質を向上させ、社会的及び職業的自立を図るために必要な能力を、教育課程の実施及び厚生補導を通じて培うことができるよう、大学内の組織間の有機的な連携を図り、適切な体制を整えるものとする」が新たに追加された。これに伴い三月一二日付の通知「大学設置基準及び短期大学設置基準の一部を改正する省令の施行について（通知）」における「教育課程の編成における取扱い」の中で、

「各大学等では、教育課程の内容と実施方法に関する方針を定める中で、個別の授業科目のシラバスや、体系的な教育課程の編成を通じて、社会的・職業的自立に関する指導等の在り方を明らかにし、学生に対し、その内容の理解を図ることが求められること。また、教育課程の編成と実施に当たっては、大学等として保証すべき教育の内容・水準に十分留意すること」

と指示し、大学の教育課程の中にキャリア教育が組み込まれるようになった。当時は学生の就職が大きな課題になっていたこともあり、大学を挙げて就職に取り組んでいった。当然学生もそれを期待しており、学問の学びが自ずからなおざりになっていったのかもしれない。

キャリア教育は、卒業時点の就職を意識したものではないとしても、こうした動きは、反面では、大学自ら大

学教育を職業教育化することに加担しているともいわれかねない。大学教育の「質の保証」を考えるなら、就職に向けて学生を過度に煽るのではなく、落ち着いて学習する環境をつくっていくことこそ優先すべき課題であろう。

(三) 質の保証と学生評価

「質の保証」の一つに「成績の厳格化」がいわれている。成績評価は、一般には、試験を原則とし、筆記試験・レポート・出席などを考慮して判定されているが、担当する教員や授業方法の違いもあって、どこに重きを置くかは多様である。そのため、シラバスの中に、評価の基準や評価の方法といった成績評価に関わる情報を記載することになっている。

こうした評価について、経団連は「今後の採用と大学教育に関する提案」(二〇一八年一一月)の中で「評価は知識の習得状況や授業への出席率の評価だけではなく、学生がどれだけ主体的に学び、深く考え抜いたかというプロセスや知的作業の結果を評価するものとすべきである」と評価にあたってくぎを刺し、成績評価・進級基準については、文部科学省がガイドラインを策定して大学に示すことも検討するとしている。

これらは、いずれにしても教員目線での学生評価であるが、これからは視点を変え、学生自身の目線での評価が重要になると考える。この点に関しては前著で、学生が「伸びた」と実感できることが、学習の成果につながると述べた。この「伸びた」実感は自己への肯定力につながり、さらなる主体的な学習を促し、卒業後も、自ら課題を見つけ、その解決に積極的に取り組む力になると考えるからである。

二〇〇八年一二月の「学士課程答申」の中に、「学生が、自らの学習成果の達成状況について整理・点検するとともに、これを大学が活用し、多面的に評価する仕組み(いわゆる学習ポートフォリオ)の導入と活用を検討する」

とあり、これをきっかけに多くの大学で、学習ポートフォリオが検討されている。「伸びた」の実感は、こうしたポートフォリオとして記録しておくことも考えられる。一週間、一月、あるいは一年といろいろなスパンがあるが、その期間に何を達成するかの目標を掲げ、それが実現したかどうかを自己省察する。実現しない場合はその原因、実現したなら、何が効果的だったかを書き留めておくことで、自分の「伸び」のヒストリーが記録されることになる。基本は自分自身のためであるが、学生の視点に重きをおいた評価にも役立つと考えられる。

大学としては、学生の「伸びた実感」をどう評価・判断し、妥当で客観的な物差し・評価軸をどう定めるかが課題となる。困難な作業かもしれないが、学生の伸びを実感できることは、教員にとっても喜びであるし、教育改革に向けた大学の主体的な取り組みとして活かされるものと考える。

ところで、文科省は、学修の主体である学生の目線から、大学の教育力の発揮の実態を把握するとともに、学生の能力の伸長の要因等を分析するための予備調査を一九年度に試行することにしている。国が学生を対象に調査するのは初めてのことで、その結果に期待される。文科省も、調査結果を各大学の取組みの改善に活かすためとしているが、大学の評価指標の作成を目的とするデータに終わらせないで、大学の自主的な教育改革に活かされるよう期待したい。

三　大学教育の変質—企業は大学に何を期待するか—

(一)　リベラルアーツの重視

企業は大学に何を期待しているのだろうか。二〇〇九年二月経済同友会は「18歳までに社会人としての基礎を学ぶ―大切な将来世代の育成に向けて中等教育、大学への期待と企業がなすべきこと―」をまとめ、その中で「大学の存在意義と役割の明確化」として、大学は「教養教育中心型」もしくは、「教養教育に加えて専門領域の高度な水準を目指す研究型」のいずれかに役割を定めて、その存在価値を高める努力が求められるとしていた。教養教育中心型の大学は、グローバル社会で生きていくために必要な力を身につけることを目的に、リベラルアーツを重視しながら教育水準全体の底上げに寄与することを期待している。

さらに、教養教育で高い水準を目指す大学や、研究型の大学には、世界各国の大学と研究や教育の成果を競い、戦略としての人材育成を担うための一層の取り組みを期待している。「その際、いずれも学士課程においては教養ある社会人の育成に向けて、専門を通じて教養を育むことを中心に学問分野の全体像を把握する教育を展開し、高度な専門領域の教育は修士課程で行うことが適当と考える」としていた。教養教育の捉え方が必ずしも明確ではないが、「専門を通じて教養を育む」としたリベラルアーツを重視するなど、大学は学問を学ぶ場として位置づけたという意味では同感できる。

（二） 役に立つ教育とは

(1)誰のための「教育の質保証」

ところが、その後一〇年近くを経た今、経済界の大学を見る目は大きく変わった。その典型が、第一章でも紹介した、産業界や地域社会のニーズを十分踏まえた、産学共同の課題解決型授業の構築やインターンシップ・プログラムの実施など、実践的な職業教育への期待を表明した、経団連「提言」（二〇一八年）にみられる。また、前述した一二月の「今後の採用と大学教育に関する提言」でも、経団連は大学教育への期待を表明した上で、採用にあたっては、社会人としての資質を、創造性・チャレンジ精神・行動力・責任感・論理的思考能力・コミュニケーション能力・忍耐力・協調性等とし、学生に求める資質は、リベラルアーツ・語学（英語）力・情報リテラシーなどを挙げ、その他、地球規模課題や世界情勢への関心・学外活動や社会経験を評価するとしている。

こうした観点から、大学に期待する教育改革として、文系・理系の枠を越えた基礎的リテラシー教育／大学教育の質保証／グローバル化のさらなる進展／情報開示の拡充と学修成果の見える化／初年次におけるキャリア教育の実施とリカレント教育の拡充、の諸点を挙げている。その中で大学教育の質保証に関しては、

・単位取得要件や成績・卒業要件を厳格に運用
・授業は大人数相手の一方的な講義方式でなく、ゼミ形式で、課題を与えたうえでディスカッションを通じて主体的に学ばせる教育や議論しながら解決策を見出す課題解決型の教育といったアクティブ・ラーニングを導入した教育
・実務家教員による産学連携の授業
・評価は知識の習得状況や授業への出席率の評価だけではなく、学生がどれだけ主体的に学び、深く考え抜いたかというプロセスや知的作業の結果を評価

を挙げ、「教育の質保証」の観点を産業界に役立つ教育の視点で具体的に示している。

⑵ 進む職業人養成学校化

こうした企業の要望を先取りするかのように、国も、大学教育の質保証の問題にからめて、教育内容に踏み込

んできた。例えば、「人づくり革命基本構想」（二〇一八年六月）を受けて閣議決定された「経済財政運営と改革の基本方針２０１８（以下骨太２０１８という）」には、「大学教育の質の向上」として、「社会の現実のニーズに対応したカリキュラム編成が行えるよう、外部の意見を反映する仕組みづくりが必要である」とし、学習内容に言及している。経済界が、学生に期待する資質・能力に関連して、学習内容に意見を述べることは自由だとしても、閣議決定として、国家権力が「学問の自由」に関わる、大学の教育研究の内容に踏み込んでくる現実は、それとは別の問題性を孕むものとみなければならない。ここでも、現政権の憲法感覚のありようと杜撰さが露呈している。さらに「骨太方針２０１８」では、大学に対して「学生の学修時間、学修成果などの情報の公開を義務付け、学生が在学中に身に付けた能力・付加価値の見える化を図る」とし、あわせて、産業界へは、「大学が示す可視化された学修成果の情報を選考活動において積極的に活用していくことを経済団体を通じて各企業に促すとともに、企業が大学等における学修成果を重視しているとのメッセージを学生に対して積極的に発信する」としている。ここにも、大学の教育を、産業界のための職業人養成学校化しようとしているかのようである。

(3)産学協議会への期待

経団連の先の提言では、「大学と経済界が直接、継続的に対話する枠組み（仮称：採用と大学教育の未来に関する産学協議会）を設置し、大学教育改革や新卒採用に関して企業側に求められる取組みについて、双方の要望や考え方を率直に意見交換し、共通の理解を深めるとともに、具体的な行動に結びつけることを提案する」とある。これに基づき、経団連と国公立大に私大も含めた学長とで構成する、「採用と大学教育の未来に関する産学協議会」が発足し、二〇一九年四月に「その中間とりまとめと共同提言」が出された。

その内容は、前述した大学改革に関する経団連「提言」に沿ったもので、「ソサエティ5.0時代に求められる能力と教育」として、文系・理系を問わず、リテラシー（数理的推論・データ分析力、論理的文章表現力、外国語コミュニケーション力など）を身に付け、高度専門職に必要な「論理的思考力と規範的判断力」や「課題発見・解決能力」、「未来社会の構想・設計力」といった知識・能力が求められるとしている。そして、これらを身につけるためには、基盤となるリベラルアーツ教育が重要であるとしている。ここで、従来に増してリベラルアーツが強調されている点は、ひとまず注目しておくべきであろう。

さらに、就職活動が始まるまでの実質三年間では、上記「ソサエティ5.0時代に求められる能力と教育」として期待する、高い能力を持つ人材を育成するための学修経験時間は不十分であり、採用のあり方を検討するとともに、大学院レベルまでの教育を重視していく必要があるとしている。具体的には、新卒一括採用に加えて、ジョブ型雇用を念頭に置いた採用を検討すること。また、学生の学修経験時間の確保を前提に、学生の主体的な選択や学修意欲の向上に資する就職・採用方法と、時代の要請に合致した質の高い大学教育を、企業と大学の共通理解によって実現していく必要があるとしている。また、より高い専門性を重視すれば、卒論、卒業研究の成果を含む、卒業・学位取得に至る全体の成果とともに、卒業要件の厳格化を徹底すべきであるとしている。

いずれにせよ、就職が前提の産学協議会であるため、企業のための大学教育との印象はぬぐえないが、従来、個々に意見を述べるだけであった大学と産業界が、同じテーブルについて議論を交わすのは画期的なことで、今後に期待したい。

高等教育機能の多様化の中で、さまざまな目的をもった大学が設置されている。その中に、職業学校化の道を選ぶ大学があることは認めるとして、大学の本来の役割は、学校教育法第八十三条「大学は、学術の中心として、広く知識を授けるとともに、深く専門の学芸を教授研究し、知的、道徳的及び応用的能力を展開させることを目的とする」といった理念の実現であろう。こうした大学教育の「原点」を見失い、「深く専門の学芸」を伝承し将来の発展につなげる学生がいなくなれば、大学の崩壊につながるとみなければならない。

四　社会人教育を考える

（一）　生涯学習からリカレント教育へ

(1)中教審答申と大学の対応

一九八一年六月に中教審答申「生涯教育について（答申）」が出され、成人への高等教育の開放や生涯学習が注目されるようになった。当時、多くの国立大学でも小規模ではあるが教養やスポーツ分野の公開講座を開いていた。しかし、期待されるような進展はなく、九〇年一月の中教審答申「生涯学習の基盤整備について」で、社会人を対象とした取組みをより積極的に行えるよう、各大学等の自主的な判断により生涯学習センターを開設することが提言された。それを受けて、国立大学で生涯学習教育研究センターが設置され、地域の生涯学習に関する調査研究、生涯学習機会の提供や指導者養成等に取り組んでいる。国立大学で最初に設置されたのは宇都宮大学で、九一年四月のことである。筆者はその発足に深く関わったこともあり、その後も生涯学習には、特段の関心を払うようになった。

前著でも触れた、大学審答申「21世紀の大学像と今後の改革方策について—競争的環境の中で個性が輝く大学—（答申）」（一九九八年一〇月）は、生涯学習について以下のように述べている。

「高齢化の進展や、国民一人一人が物質的豊かさから次第にゆとりや心の豊かさなど多様な価値や自己実現を求めるようになっていることなどを背景として、今後一層生涯学習の需要は高まり、高等教育機関は、幅広い年齢層の人々の知的探求心にこたえて必要なときにいつでも学習できる、より開かれた場となることが求められていく」

答申はさらに、「個人の職業能力等の向上を支援する高等教育の再学習機能の強化が求められるようになっていく。これに伴い、社会人が必要に応じて高等教育機関において学習を行いその成果をもって更に活躍するという、高等教育機関と産業界等との往復型社会へ大きく転換していくと考えられる」と続く。ここで、いわゆる仕事につながる「リカレント教育」が注目されるようになった。

こうした流れを受けて、各大学は生涯学習の推進に向け、公開講座の充実や科目等履修生の整備、さらには社会人入試制度の拡充に努めた。

二〇〇二年八月の中教審答申「大学院における高度専門職業人養成について」が出され、〇四年四月に発足した法科大学院を皮切り教職大学院、ビジネススクールやＭＯＴ（経営技術）等の専門職大学院が発足し、多くの社会人が入学するようになった。また、〇七年の学校教育法の改正により、大学等における「履修証明制度」が創設され、土日や夜間を活用して履修証明プログラムが実施されるようになり、その修了者に対して、法に基づく履修証明書を交付できることになった。

⑵大学の現実と限界

宇都宮大学国際学部では、筆者が学長に就任（二〇〇一年一二月）する以前から、社会人入学生を受け入れており、意欲のある社会人が多くみられた。就任後は生涯学習教育研究センターが主催する公開講座を充実させるとともに、大学の授業を開放することに努めた。

法人化後も中教審では、大学への社会人の受入れに関し、各種の提言を行なっており、それを受けて、さまざまな制度改正も行なわれた。その結果、大学院では専門職大学院や博士課程で一定の成果が得られたが、学部における受入れは進んでいないままであった。そうしたこともあって、中央教育審議会大学分科会大学規模・大学経営部会では、大学における社会人の受入れの促進について審議を重ね、一〇年三月「大学における社会人の受入れの促進について（論点整理）」をまとめた。その中で、社会人の受入れ促進の意義は、

「大学が、社会人の学修動機に応える魅力ある教育プログラムの実施や社会人に配慮した学修環境の整備等を通じて社会人の受入れを促進することは、（中略）、学習者個人の要請に応えるだけでなく、社会的要請に応える取組でもある。

大学の機能別分化が進む中、とりわけ、大学院修士課程、学士課程における幅広い職業人養成等に重点を置く大学、短期大学では、産業界や地域と密接に関わりながら、社会人等の需要に対応した学修内容・方法を開発、提供していくことが期待される」

とし、「大学教育の内容を、社会人の学修目的、とりわけ職業生活上の要請に的確に応えるもの」とする一方、社会人の受入れは社会全体での取り組みにあるとし、その促進のため、「大学と産業界や地域社会が一体となって、成人層が恒常的に大学で学び、その成果をもって、職業生活や地域社会でさらに活躍できる社会を目指し、大学

と産業界や地域社会が一体となって取り組むことが重要である」と述べている。そうした方針が打ち出されてはいるものの、社会人入学の推移を見るかぎり、成果が表れていない。

放送大学や通信教育も含めた学士課程入学者数は、二〇〇一年度の約一・八万人をピークに、〇八年度には約一・〇万人まで減少し、その後、若干増加して一七年度で約一・五万人になっているが、その内通学生だけでみると、九九年の五千人をピークに減少を続け、一五年には二千人を割っている。一方博士・修士・専門職学位課程の社会人入学者数は、〇八年の約一・九万人をピークに、一五年度は約一・八万人と微減にとどまっている。

またこのような傾向は、科目等履修生（社会人）、聴講生（社会人）及び履修証明プログラム受講生にもみられ、横ばいあるいは微減の傾向にある。その一方、大学における公開講座の参加者は増え続け、九八年度の七五万人であったが、一四年度は一三九万人となっている。

大学に社会人入学の増が要請されているものの、現実は逆に動いている。こうした中で最近、企業からの強い要望もあり、企業や社会が必要としているリカレント教育の充実が注目されるようになった。

仕事に結びつくリカレント教育に、早くから取り組んでいたのは国立大学では教育学部である。大学院へ在職のまま入学を希望する社会人（教師）に対して、入学後も学び易いように大学院設置基準第一四条に定める教育方法の特例措置を活用して、多くの教員が大学院で学ぶようになった。それ以外にも教師が、「内留生」として、県内から毎年多くの教員を受け入れてきた。

筆者が教育学部長時代に試みた取り組みは、一種免許状を取得し、三年以上の教職経験を有すれば、大学院の授業科目を六単位取得することで、専修免許が取得できる制度を活用したものである。大学に来て授業を受けるには通学時間のハードルもあると考え、夕方から附属学校で出前授業を行い、そこで公務を終えた教師が受講しやすいようにしたが、附属学校以外に波及するのは難しかった。いずれにしても、こうしたリカレント教育は例外的で、他学部ではほとんど行われていない時代でもあった。

(二) 企業や社会のためのリカレント教育

過去には、就職したらそこに生涯勤める人が多かったこともあり、仕事に必要な新しい技術や知識は企業内で習得していた。その内、中途退職が多くなったり、企業内での教育機能の弱体化もあって、必要な技術や知識の変化に対応する学び直しが必要になった。こうした流れの中で、大学へのリカレント教育の要望が強まり、社会や産業界のニーズに合わせたリカレント教育に向け、大学等との連携の必要性が求められている。

人生一〇〇年時代構想会議がまとめた、前述の「人づくり革命 基本構想」では、人生一〇〇年を豊かに過ごせるための「リカレント教育」というより、今後の仕事の役に立つ労働力を育てるといった面が強い。例えば、「新規かつ実践的で雇用対策として効果的で必要性の高いリカレント教育のプログラムの開発を集中的に支援する」とあり、その中に、「先行分野におけるプログラム開発」、「技術者のリカレント教育」、「在職者向け教育訓練の拡充」、「実務家教員育成のための研修」、「生産性向上のためのコンサルタント人材の養成」、「長期の教育訓練休暇におけるリカレント教育に対する助成」などが挙げられている。

さらに、人生一〇〇年時代を見据え、高齢者雇用を促進する必要があるとして、「65歳以上の継続雇用年齢の引上げに向けた環境整備」、「高齢者の雇用促進策」、「公務員の定年の引上げ」等の検討を必要としている。このように高齢者に働く場を準備することは、「働きたいと考える高齢者の希望をかなえるため」と、もっともらしいが、高齢者がなぜ、「働きたいと考えるか」の根底には、働かなければ生活が成り立たないという不安があることを忘れてはならない。あたかも高齢者のためと言いたげだが、本音は「人口減少の中で潜在成長力を引き上げるためにも、官民挙げて取り組まなければならない国家的課題」にある。

（三）大学の主体的取り組み

大学におけるリカレント教育は、積極的に受け入れるべきであろうが、大学に対する評価を上げることを意識するあまり、本来の教育研究を損ねるものであってはならない。あくまで、その意義を認める人が取り組むことを基本に置くべきである。リカレント教育の内容が、例えば、「人づくり革命基本構想」の中で挙げられている、「ＡＩ、センサー、ロボット、ＩｏＴを活用したものづくり、経営 管理、農業技術、看護、保育、企業インターンシップを取り入れた女性の復職支援」といった企業や社会が即戦力として期待する人材養成のためのプログラムであれば、学外からの協力も得られやすいであろう。

当然のことながら、大学は企業の下請けではない。大学として実施する価値があるかどうかは、学生の教育とのマッチングを考えることが本筋である。社会人教育としてのリカレントであれば、社会人のみが受講生となるが、学生も受講したいと思えるものであれば、キャリア教育の一環として、学生にとっても有意義であろう。

しかし、最近声高にいわれるリカレント教育は、企業に役立つためであったり、就職のためのキャリアアップとしての学びに偏り過ぎていないかの危惧がある。大学として忘れてならないことは、学問に対する知的要求を満たす生涯学習の重要性であり、そうした点では大学の授業を広く開放することも検討すべきことである。こうした考えは、今回の中教審答申にある、「さまざまな年齢や経験を持つ学生が相互に刺激を与えながら切磋琢磨するキャンパスを実現するため」にも沿っており、リカレント教育に期待される重要なポイントである。

（四）　実務家教員

昨年末の中教審「グランドデザイン答申」では、社会のニーズを踏まえた教育を幅広く展開できるよう、実務経験のある者を大学教育へ参画させ、社会のニーズを踏まえた教育を幅広く展開させる必要性を述べている。現在もすでに多くの大学で企業等から本務教員以外に講師等として採用されているが、今回の答申は、「参画」にもあるように、実務家教員として教育課程の編成等にも責任を負う者として、教授会等への参加を促している点で、従来とは異なっている。

(1) 実務経験者の意義

かつて教育学部の教員であった頃、学校現場の教師が教員養成実地指導講師として大学の授業を担当できる制度があった。教授会の承認を必要としていたが、教員の自主性に任されていた。今回の実務家教員とは全く違うものの、実務経験者を講師に招くのは珍しい時代であった。筆者が関わった一つに、附属学校の副校長の例がある。その副校長は優秀な方であったが、大学での講義は初めてということもあって、しっかり準備されて講義に臨まれたが、後で学生に授業の印象を尋ねると、普段の学部教員と変わらない授業のようで期待外れだったとの声であった。大学の教員とは違う、教育現場でのリアルな話を期待したのだが、大学の授業を意識して、それらしく準備をされたことが裏目に出たのである。

もう一つは、県外からの教師を招いた例で、教科専門「理科」の授業であった。その教師は仮説実験授業の実践者として広く知られた方であった。この時は、授業の内容や方法は自由に進めてもらったことが幸いして、学生にとっては新鮮さもあり評判は極めて良かったこともあり、しばらく継続してもらった。

学長の時は、地域の産業界など学外の人たちと接する機会も多く、こうした方に授業を担当してもらうと、学生だけでなく大学教員にとっても刺激になるのではと考え、客員教授の肩書で、何人かに授業を担当してもらったことがある。企業など現場の経験をもとにした話は好評であった。中には、授業以外でも学生の相談にのってもらうなど、大学教員以上にいき届いた指導をいただいた。

長々と過去の話を書いたのは、当時は文科省からの干渉がなく、教員や大学の自主性のもとに実施していたということを理解してもらいたいからである。当然、授業を担当するので、教授会や関連委員会の承認を受けることになるが、それが障害になることはなかった。

(2) 実務経験者に何を期待するか

最近、産学連携したキャリア教育に財界が前向きになっているのは、現状の大学のカリキュラムでは、産業界が期待する人材を養成できないとの危惧を持っているからである。そのため、もっと現場の最前線で働いている実務家教員を増やし、その人たちがカリキュラムの作成にも関わる必要があると考え、それを受けたのが先の「将来構想答申」である。

とはいえ、実際問題として、大学の実態を理解し、教育課程の編成に協力してもらえる実務家教員がどの程度いるのかには疑問が残る。しかし、同じ受け入れるなら、外部の圧力で受け入れるという受け身の姿勢でなく、大学・学部として、どういった基本方針のもとに、何を期待して受け入れるかを明確にし、実務家教員の特色が最大限に発揮されるように主体的に関われば、学生だけでなく、教員にとっても学ぶことが多いのではないかと考える。それは、決して大学・学部教育の自主性を損なうことにはならない。

五　自主性をもった教育へ

（一）　自主的な教育改革—法人化前後の経験からみえること—

二〇年近く前、学長に就任して第一に取り組んだのが、大学教育の見直しであった。当時は、今ほど差し迫った雰囲気はなかったが、それでも教育改革についてさまざまな提言や動きがあった。例えばシラバスの作成、学生の授業評価、キャップ制、ＧＰＡ制などである。ただ、法人化前でもあり、国からの指示や評価を気にすることはなく、大学が主体的に取り組むことができた。

こうした改革で目指したのは、いかに教職員の負担をかけないで、大学教育の質を上げることができるかであった。それは時代の要請であり、やる価値のある課題でもあった。それだけに、大学教育の可能性に夢が持てたし、議論も楽しかった時代であった。

教育の改善につながることで、早くから実施されたのが学生による授業評価で、学長就任時にはほとんどの国立大学で実施されていた。学生による授業評価とは何かを知ったのは、それよりはるか以前の一九八七年で、国大協第一常置委員会の「大学における教員評価について」であった。その時は、時期尚早ということで終わったが、個人的には関心があったので、さっそく自分の授業に取り入れ、学生評価の信頼性を確かめてみた。一五〇名程度の学生が対象の授業で三年間であったが、そこから、学生の評価は統計的には信頼性がおけることが分かったし、その限界も見えてきた。

全学的に導入されたのはしばらく後になるが、惰性的に毎年繰り返すだけで、本当に授業の改善につながるのかの疑問もあった。学生は機械的に評価票を提出するだけで、評価がどう反映されたかは見えないし、集計や報告書の作成にも手間ヒマがかかるわりには役立っていない。そうしたこともあって、学長就任後は、学生の授業評価に関して教員や学生を交えた合宿研修や、授業の中間で評価し後半の授業に反映させることも試みた。さらに、学生の評価結果を生かし授業改善につなげるため、ＦＤ活動の一環として、評価の高い授業を学生を含めた教職員の前で紹介してもらい、参加者全員で投票し、〈ベストティーチャー賞〉を贈ることもした。この制度は現在も継続していることから、それなりの効果が認められたのかと思う。

キャップ制は学生の履修制限であるが、義務づけられたのでやらざるを得なかった。この制度の本質は学生の授業外学習の強化にあると考え、教員の授業に対する取り組み方に課題があることを、機会がある度に話していたが届かなかった。学生から聞こえる声は、時間があるのに授業が受けられないとの不満で、課外学習が増えたという声はなかった。

最も力を入れたのが初期教育とキャリア教育であった。これを重視した理由は、大学の学習にとって、学生の学びの動機付けが重要と考えたからである。国立大学ではまだ珍しかったキャリア教育の導入には、授業に就職指導を入れるのは問題との指摘があった。それに対しては、キャリア教育は社会が何を期待しているかを在学中にしっかり理解し、学習に力を入れてもらうためと説明し、了解をもとめ、専任の教員を採用したことがある。さらに、産業界の方にも依頼し客員教授として授業を担当してもらった。

当時は、このようにさまざまな試みを行う余裕があった。もちろん、教育の成果は短期で判断できるものでもない。しかし、教育のあり方を絶えず考え、工夫・改善し前進する必要はある。大切なことは、大学の主体性があれば、仮にそれが国の示す方向に沿っていても、決して大学・学部教育本来の目的と大学の自主性を損なうことにはならないはずである。肝心なのは、学生に対する教育責任と大学教育への自負である。

（二）　地域社会に開く

教育における社会への貢献は、社会で活躍できる優れた人材を育てることは当然として、授業自体の中に社会の課題を取り込み、社会人と一緒にその課題に取り組むことも考えられる。社会には大学にない優れた知恵がある。それを大学の教育に取り込み、新たな知恵を創造することは、学生にとっても社会の人たちにとっても有益だと考えるからである。

社会人を受け入れた多様な教育の展開については国大協広報紙「国立大学」（二〇一八年六月四九号）で吉見俊哉は次のように述べている。

「社会人大学生が、高校を卒業して入学した学生にとって社会との接点になり、大学で学ぶことへのモチベーションやキャリア観を変えるかもしれません。社会人学生は、大学の雰囲気を変え、高校から入学した学生の『なぜ大学で学ぶのか？』とか、『社会に出たら、今学んだことがどう役に立つのか？』といった疑問に身をもって答えます。単なる教養のためではなく、『大学で学ぶことが次の人生につながる』ことを理解させる必要があります。社会人学生にとっても、高校を卒業して入学したフレッシュな学生との出会いが、人生観を変える可能性を持っています」

まさに、大学の社会人を受け入れる本質はそこにあると思う。その意味で、新たな夢のある大学教育の構築に向け、希望を託せるのではなかろうか。

こうした教育の例として、地域の課題を地域の住民とともに考え、課題の解決に取り組むことが考えられるし、同様に、こうした課題は産業の現場にもあると思う、その場合は、産業界の方々に協力を求め、協働して課題に取り組むことも可能であろう。今からは、こうした開かれた授業を増やしていきたいものである。

大学に社会人を受け入れる必要性について、前著で、「社会人のニーズと結びついた教育の一つには、地域社会と連携した教育が考えられる。地域の課題に取り組み、現場から学ぶ教育を通した、地域との相互・相乗的なシナジーへの期待である。その際、地域の各分野で活躍する優れた人材を受け入れ、教授陣の幅を広げることも、社会人を引き込む大切な要素となるであろう」と述べた。それは社会人にとってだけでなく、学生にとっても、新たな学習の可能性と知的刺激の広がりを作り出し、新しい大学教育の姿を実現する可能性があるからである。

(三)　教育の活性化を求めて

(1) 大学教育の見える化

大学教育をめぐる大きな問題に、大学教育に国民の関心が薄いということが挙げられる。関心があるのは、入試と就職状況、あるいはスポーツで、肝心の教育は抜け落ちている。その一方で、マスコミを通じて喧伝されている、「学生は勉強しない」、「大学教育はダメ」といったイメージや、学生の不祥事といった、負の側面が一人歩きしていることである。そうした捉え方で、大学教育総体を論じてはならない。一部にはそれがあるとしても、大多数の学生は頑張っている。必要なことは、大学教育そのもの、あるいは学生の姿を正しく理解してもらうことである。

そのためには、社会から大学教育が見えるように工夫することである。すでに述べたように、教育の現場を社会に開き、社会の人々と共に考える中で、学生の姿を見てもらうことである。また、大学に社会人を呼び込み、共に学ぶことで、お互いを知ることもできる。そのためにも、社会に広く授業を公開し、その形式にとらわれることなく、授業に参加してもらうことである。

高等教育において学生をどう伸ばしていくかは、大学だけに背負わせてすむ話ではない。社会と共に考えなければならない課題であるといえる。

(2)アクティブ・ラーニングでよいのか

アクティブ・ラーニングの内容を耳にするようになったとき、どこかで聞いたことがあるのを思い出した。私の郷里近くにある、吉田松陰の松下村塾での教育である。

松陰は、講義だけでなく、塾生たちによるディスカッションを中心においた授業に重きをおき、自らも参加し、塾生と共に学ぶ姿勢を大切にしていたという。さらに、自らもそうであるように、気になれば自分で現地に出向くなど、事実を知ることと行動を重んじていた。また誰かれを差別することなく塾生を受け入れ、短所を長所に変えることで、その人の才能を伸ばすことに心がけてもいた。

松下村塾は広く各地から有能な人物を集めたわけではなく、萩周辺の学ぶ意欲のある塾生を教育することで、短期間で、明治時代に活躍する傑出した人物を育てた。ここで肝心なのは、単に教育方法の問題ではなく、師として尊敬し共感できる松陰の魅力であり、人となりである。リスペクトに値する教師との人格的な触れあいこそ、教育の真髄である。そこには、教育の可能性と魅力の一方、難しさもある。

答申の影響もあって、大学教育の中にアクティブ・ラーニングが広がりつつある。ただ、形式化されたアクティブ・ラーニングでは、考えを深めることにならず、実質的には受け身の教育になる可能性がある。そうした危惧もあって、深く考えるディープ・アクティブラーニングが唱えられている。松下佳代によれば、「ディープ」とは、「深い学習」「深い理解」「深い関与」を指している。

アクティブラーニングにしろ、ディープ・アクティブラーニンにしろ、それがただちに良い授業になるという保証はない。教えることを通して教師も成長するとよく言われる。大切なことは、学生と一緒に授業を創るという心構えである。松下村塾の話には、アクティブラーニングを越えたものがあるかもしれない。ともあれ、教員自らその質を高め、学生と共に創る学びこそ、何ものにも優る教育改革であろう。教員の第一義的資質に人格や人間的魅力を求めることは、現実には難しいとしてもである。

(3) 教育の質の向上とクォーター制

今もそうであるが、避けて通れない課題は教育の質向上である。そのためには、授業の集中度をいかに上げるかが肝心である。これに関して前著で二学期制から四学期制（クォーター制）への移行を提案した。クォーター制にもいろいろあるが、基本は週二回で八週間を単位に授業を完結させる短期集中型への移行である。これと並行して、授業の開講数も、量から質への移行も検討すべきである。たくさんの科目を担当すればそれだけ教員は忙しくなり、集中度も落ちる。教員一人が一週間に担当する授業科目は二、三科目程度に抑えれば、授業研究や学生への手立てもより可能になり、教育効果の高まりも期待できる。また、授業を担当しない学期を夏休みなどの長期休業期間とつなげれば、まとまった期間、地域社会や国外に出て、研究等に専念することも可能となる。

学生が一週間に受ける授業時間は、学年や学部による違いがあろうが、一、二年生であれば、平均で週二〇時間といわれる。ということは、週一二科目程度を受講していることになる。これだけ多様な科目を学べば集中できないのは当然で、授業外学習に取り組む意欲も失せるであろう。週二コマの授業になれば受講科目数も半減するので集中しやすくなり、授業外学習にも効果的に対応できるようになろう。クォーター制は、それ以外にも、自主的な学修体験や語学学習等の短期留学といった学外学修活動にも取り組みやすくなる。

もちろん良い事ばかりではない。学生にとってみると、期間が短くなった分、授業の中身が薄くなったと考えるかもしれない。事務職員にとっては成績処理に手間がかかるとの心配もあろう。教員にとっては、とりわけ移行時期には過大の負担がかかる。筆者が学長の時、クォーター制を持ちかけた時の反対は負担増であった。幸いにも、今は採用する大学も増え、それぞれの考えのもとに、さまざまな取組みがなされている。そこでの経験を参考にすれば、より合理的でかつ効果的な道を模索できるのではなかろうか。

(4) もう一つの大学教育評価

大学教育に関する議論であまり注目されていないが、ＯＥＣＤの、日本を含む24ヶ国・地域の16歳から65歳の成人を対象とした「国際成人力調査（ＰＩＡＡＣ）」がある。社会生活において成人に求められる能力のうち、「読解力」、「数的思考力」、「ＩＴを活用した問題解決能力」の三分野のスキルの習熟度を測定したもので、我が国は、読解力、数的思考力の二分野において平均得点で参加国中第1位という特筆すべき結果である。

この調査では、高等教育を修了した社会人の平均得点も公表されている。それによると、「読解力」はトップ、「数的思考力」も上位を占めている。この調査結果をどう評価するか別として、一つの事実には違いない。

教育の主役は学生である。教育は、必ずしも教えれば身につくわけではない。いかに主体的に取り組むかが大切である。学生がやる気を起こすための動機付けがあれば、自身の力で伸びていく。教育はその力をどう引き出すかである。肝心なことは、学生の知的好奇心や学習意欲を〝スイッチオン〟する状態をどう作り出すかである。

大学でやれることは、教員がその資質を発揮しやすいような環境をつくることであり、教員の多様性を保つことである。教員自身が、自分の教育に魅力を持たないで、学生に魅力的な授業ができようはずがない。学生から学ぶ姿勢をもてるならば、学生と勝負するぐらいの気持ちで授業に取り組んでほしい。

教育の本質は、教育方法ではなく、教員一人ひとりの人間としての魅力と知の力である。それには教員がまず、生き生きと研究することである。研究に打ち込む、教員のひたむきな姿が、学生にある種の感動を与え、学生を勇気づけるのではなかろうか。

小農と棚田

本来、農業には産業としての「農業」と家族の暮らしとしての「農」がある。中山間地に点在する村の、山あり谷ありの狭い農地では、規模の拡大と農業の企業化は無理である。だから、ほとんどの農家は家族の暮らしを守る小規模・兼業農家の小農であり、細々ながらの生業《なりわい》としての「農」が今も脈々として生きている。

私の住む網掛川の源流域には、昔ながらの小さな棚田が広がっている。我家から見える南側の山際には、石垣造りの見事な棚田が三段、際立って並んでいる。そこではいつもお年寄りの夫婦が、丹念に米作りを続けている。石垣の間に生えた雑草も丁寧に取り除かれ、美しい石垣棚田の景観が保たれている。

山間部の農村に入ると、階段状の棚田が、山の裾野から天辺まで、急斜面に延々と切り拓かれ、壮大な景観を生み出し、さまざまな形をした無数の水田が、寄り添うように見事な曲線美を描いている。私はこのような風景に出会う度に、万感胸に迫るものがありなぜか涙が込み上げてくる。「風景に魂がある」というのはこういうことを言うのであろうか。人々の「生きたい」という執念が、山の頂きまで耕し続けたのであろうか。かつて孫文が「耕して天に至る」と称した棚田には、この地で生きようとした壮絶な人々の汗と執念が込められている。

棚田は傾斜地にあるため、水田の区画を大きくすることは困難であり、等高線に沿って造られるため不整形に曲がりくねっている。畦草刈りや畦塗りなどの手間のかかる作業量の割には植え付け可能な面積が小さ過ぎる。農道の整備も遅れて農作業の効率が悪く、生産性も極めて低いため、米の減反政策が始まると、真っ先に耕作放棄されてきた。今までなんとか頑張って、祖先伝来の棚田を守ってきた小農の人々も高齢化し、さらに耕作放棄がすすんでいる。

「太古の昔より先人たちの築き上げてきた棚田を守りたい」と私は切に願っている。なぜなら、人が生きるために耕し続けてきた棚田が、いつの間にか山に降り注いだ多量の雨を貯え、自然ダムの役割をして洪水からこの国の国土を守ってきた。また棚田は、森林で涵養された清らかな水を貯え、豊富な地下水となって私たちに命の恵みを与え続けている。地上のあらゆる〝いのち〟を支える自然の循環システムである。棚田は「東洋のピラミッド」と称賛され、今ではアジアが誇る歴史的な文化遺産ともいわれている。

（萬田正治）

第四章　研究力低下をどうみるか

我が国の科学研究の水準が低下しているとネイチャー（二〇一七年三月二三日号）に掲載されて、大きな話題になった。しかしこの問題は、すでにさまざまな形で明らかにされていたことでもある。もちろん国が何の対策も取らなかったわけではない。要因は、この間の国の大学政策の基本が「選択と集中」、競争原理にあったことである。その方針のもとに、政策的に研究拠点事業を展開し、その限りでは効果的に研究費をつぎ込んできたはずである。しかし、こうした重点方式は、トップ層に続く層を薄くするだけでなく、研究を支える裾野も弱体化させていった。その意味で、日本の研究力低下は起こるべくして起こったということができる。それに加えて、イノベーションの掛け声とともに、研究の多様性が損なわれ、基礎研究から応用研究へ、腰を据えた研究から短期に成果がでる研究へとシフトしていった。研究の問題はその低下にとどまらない。

研究力低下の現状認識には立場による違いはない。問題は、そうした現状がなぜ起こったのか、その原因についての認識の違いである。国は国立大学法人化との関連は認めていないし、競争原理はいまだに有効とみている。財務省に至っては「選択と集中」がまだ不十分で、もっと徹底すべきだとすら言っている。本当にこれでよいのだろうか考えてみたい。

一　研究力低下の要因はどこにあるのか

研究力を示す指標として、論文数があるが、とりわけネイチャーのような学術誌に掲載される論文で引用の多い上位10％の論文数（トップ10％）が重視されている。そのため、研究力の低下はこの論文数の減少を意味することが多い。研究力を世界との比較で論じる場合は、それぞれの国が産出する論文数の相対的な比較になる。例えば、我が国の論文数が変わらなくても、他の国の論文数が多くなれば、世界の中でのシェアは低下し、相対的に研究力が低下したとみなされる。

ところで、我が国の論文数の推移を見ると、二〇〇三年をピークに減少傾向にある。とくに産業界の研究機関が九六年（トップ10％論文は九七年）をピークに急激に減少を続けている。その理由は、九〇年代以降、企業は中央研究所を相次いで廃止し、基礎研究から撤退したためとみられる。一方私立大学や公的機関は大きな変動はないが、国立大学は〇四年（トップ10％論文は〇八年）をピークに減少している。〇四年といえば国立大学法人化が始まった年でもある。こうした状況が深刻に受け取られているのは、この間我が国以外は、逆にその数を伸ばしており、とりわけ中国の躍進が目覚ましいことにある。

では、研究力は何に依存しているのであろうか。容易に推測できるのは、研究者の数だが、それも単に人数だけではなく、研究のための時間がいかに確保されているかである。また、研究者が自由に使える研究費や施設・設備といった研究を支える基盤である。さらに、研究補助員も欠かせない。これに対して、我が国の場合は、研究に割くことのできる時間や研究者が自由に使える基盤的研究費の大幅な減少がある。とりわけ、研究の主力を担う国立大学でその傾向が顕著である。研究力低下の因果分析は、文部科学省の科学技術・学術政策研究所（ＮＩＳＴＥＰ）が中心に行っており、さまざまな形で公表されている。最近では、豊田長康の論考（『科学立国の危機』二〇一九年二月東洋経済）にも詳しい。

研究力を回復するにはどうすれば良いのかの前に、現状の分析がどこまで共通に理解されているかがある。同じデータでも、立場により分析が異なれば、その対策も異なるからである。豊田は「基本的で重要なデータの認識に大きな違いがある」と指摘し、さまざまな立場からの関係者がそれぞれのデータを持ちより、クリティカルにかつフランクにデータを吟味することが必要と指摘している。研究力回復の本質を探るポイントはこのあたりにあるのかもしれない。

以下では、研究力低下の要因とみなせる、若手研究者の減少や研究時間減少の問題、選択と集中や競争主義の妥当性などについて検討するとともに、今後の研究のあり方について考えてみることにする。

二　若手研究者の減少を考える

（一）若手研究者の何が問題か

我が国の論文算出が低迷している要因の一つに、活発な研究活動が期待される若手研究者の減少が挙げられている。その原因に運営交付金削減と人件費抑制政策があることは、早くから指摘されていることである。例えば、文科省・科学技術・学術審議会人材委員会による「知識基盤社会を牽引する人材の育成と活躍の促進に向けて」

（二〇〇九年八月）では次のように述べている。

「我が国では、若手研究者に自立と活躍の機会を与える環境が十分には整備されていないとの調査結果がある。また、大学等の基盤的経費及び総人件費の削減が進められ若手教員の新規採用数が伸び悩み、若手教員の割合が年々減少する傾向にある。このような流れもあって、若手研究者とりわけポストドクターは、将来への展望が不透明で不安を抱いている人が少なくないとの指摘があり、キャリアパスの見通しを明るくすることは喫緊の課題である」

若手の研究環境の改善を考えるのであれば、若手の研究費枠や身分の不安定な任期付きのポストを増やすだけでなく、安定したポストを増やす努力がなされなければ問題は解決しないことは明らかである。

この点に関して、二〇一六年一月に閣議決定された第五期科学技術基本計画には、「我が国の科学技術イノベーション人材を巡る状況、とりわけ、その重要な担い手である若手研究者を巡る状況は危機的である」とし、その原因が、「大学等における若手研究者のキャリアパスが不透明で雇用が不安定な状況にあり、若手研究者が自立的に研究を行う環境も十分に整備されていない」と述べている。その対策として、大学及び公的研究機関に対して、「ポストドクター等として実績を積んだ若手研究者が挑戦できる任期を付さないポストを拡充すること」を求めている。

任期を付けない若手研究者を採用せよということは、この限りではもっともな提言である。しかし一方で、国は人件費削減を大学に迫るなど、明らかに矛盾する方針を取ってきた。こうした矛盾をそのままにして、国は運営費交付金の「評価配分」と結び付けて、若手研究者の採用を大学に押しつけてきた。具体的には、二〇一九年度の運営費交付金から七〇〇億円を保留し、若手研究者比率、年俸制導入等の人事給与システムの改革等を含む評価基準のもとに再配分することである。国は若手研究者が少なくなったのは、大学の定年延長と人事給与システムに問題があるとみているからである。このような手段で一時的には若手研究者を増やすことができたとしても、研究の質の低下に対しては、根本的な解決にはならないどころか、逆行の懸念すらある。若手研究者の問題は、こうした姑息な方法ではなく、もっと総合的・抜本的に考えなければならない課題である。

（二）研究に希望を託せるか

さらに深刻な問題は、若手研究者の一角を占める博士課程への進学者の減少傾向に歯止めがかかっていないことである。その原因は、ＮＩＳＴＥＰの「日本の理工系修士学生の進路決定に関する意識調査」（二〇〇九年三月）にみることができる。「博士課程への進学を検討する場合にどのような条件が整うことが大切か」と尋ねたのに対して、回答では、「博士課程在籍者に対する経済的支援」、「民間企業における博士課程修了者の雇用増加と待遇の改善」、「アカデミックポストへの就職と待遇の改善」が上位を占めている。特に、運営費交付金の削減で大学の新規採用が難しくなったり、企業が基礎研究から手を引いたこともあり、研究者の採用枠が減少している。このように、博士課程修了後の進路が極めて不確かな状況であれば、博士課程への進路を諦めるのも無理もない。

こうした進路の不確かさとは別に、若者の意識の変化がより根本的なことかもしれない。研究者が置かれている現在の研究環境をみて、研究者を希望するであろうか、あるいは、興味にかられた研究ができると思えるだろうか、ということである。そこにあるのは、将来にわたる生活設計と、人生を懸けるに相応しい研究環境・条件への不安である。

また、別の調査・『大学生白書２０１８』（溝上慎一、東信堂）によると、学部学生が「将来どこまでの進学を考えていますか」との問いに対して、大学院進学と回答する割合が、一年生の時に比べ、三年生になると大きく下がっている。その原因の一つは、進学後の現実の厳しさを実感するようになったからではなかろうか。さらに若い中学生については、「ＴＩＭＳＳ２０１１」による国際比較がある。例えば、理科を使うことが含まれる職業につきたいかという質問に、「強くそう思う」と「そう思う」に回答した中学二年生の割合は18％で、国際平均（52％）の三分の一と各段に低い。「強くそう思う」と回答した割合でみると、日本は7.5％であるのに比べ、例えばアメリカは27・４％とその比はさらに開いている。国民性や社会状況の違いがあるとしても、この数字の隔たりの大きさを無視することはできない。

一方、第一生命の「大人になったらなりたいもの」の調査結果（二〇一八年調査）によると、男子（小学生以下）では「学者・博士」が第三位（二〇一七年は第一位）にランクされている。子どもの夢が失われないようにしたいものである。

三　多忙化が引き起こす研究時間の低下

（一）多忙化の要因は何か

ＮＩＳＴＥＰによる二〇〇二年、〇八年、一三年における「大学等教員の職務活動の変化」（二〇一五年五月）によると、教育や社会サービスに当てる時間は増加している一方、研究に当てる時間は、46・５％、36・５％、35・０％と年と共に減少している。大学種別に〇二年と一三年を比較すると、国立大学は〇二年の50・７％から一三年の42・５％へ、公立大学は47・２％から36・６％へ、私立大学は42・７％から29・９％へとそれぞれ減少している。その減少率は国立16％、公立22％に比べ、私立は30％と大きくなっている。また論文数シェアをもとにした大学グループ別（注）に見ると、第一グループ（国立四大学）では57・３％から52・５％へ減少率９％とその割合は比較的小さいが、第二グループ（国立九、私立三）は14％（50・１％から42・０％へ）、第三グループ（国立一三、公立三、私立六）は25％（50・５％から37・９％）へ、第四グループ（国立二六、公立三、私立二七）は29％（47・７％から33・８％へ）と、論文数シェアの低い大学（あるいは私学の割合が多くなる）ほど研究時間が少なくなり、研究環境の格差が拡大している。

（注）論文数シェアを用いて大学をグループ分けした四つのグループの基準は、第一グループ（論文数シェア５％以上）、第二グループ～（１～５％）、第三グループ（0.5～１％）、第四グループ（０・05～0.5％）となっている。

また、二〇一三年の調査では、研究時間を増やすための有効な手段について、教員の60％以上が「大学運営業務・学内手続きの効率化」を挙げており、「事務従事者の確保」や「教育専任教員の確保による教育活動の負担の低減」といった研究以外の業務の負担軽減につながる項目に回答が集中している。

とくに、「教育活動の負担」を挙げる原因の一つに大学教育改革が考えられる。三章で述べたように、大学教育の質保証のため、さまざまな改革に取り組む必要があり、大学はそれに応え、多くの教員は、自分の研究時間を割いて教育にシフトさせてきた。大学の教員は研究者であると同時に教育者でもあることを忘れてはならない。

「日本の科学研究力の現状と課題」（二〇一六年一一月）によると、大学の基礎研究力を強化するために優先的に実施すべき取り組みについて、一番に選択されたのは「総勤務時間における研究の割合の増加」で、回答の割合は35％と他の取り組みを圧倒している。そして、研究時間の充足度を下げた要因として、「人員削減による教員や事務職員の減少に伴う教員等の負担の増加」、「中期計画の策定や大学改革等にかかる組織マネジメント業務の拡大」、「外部資金獲得に起因する事務作業の増大」等が挙げられている。なお、この調査の中に、研究費に関する取り組みが挙げられていないのは、選択肢に「研究費」に関わる項目が含まれていないためである。

こうした研究時間の減少が研究力低下に及ぼす影響を、先のＮＩＳＴＥＰ定点調査（二〇一七）「科学技術の状況に係る総合的意識調査」報告書（二〇一八年四月）にみることができる。過去三年間で「研究成果を創出し、論文を生み出すような活動」が低下したと回答した研究者が、上位二位まで選択した低下の要因は「職務時間内で研究以外への活動に割く時間が増加した」で、実に78％（一位の58％＋二位の20％）の人が研究時間の減少を回答しており、研究時間の減少がいかに研究力の低下に結びついているかが分かる。

（二）研究時間の確保のために

大学は、研究の時間確保に向け、どの程度改善しているのだろうか。これについては、前記の「定点調査」の中の「研究者の研究時間を確保するための取組（組織マネジメントの工夫、研究支援者の確保等）は十分だと思いますか。」が示すように、大学等研究者の回答は、二〇一六年の2.4から二〇一七年の2.2へと評価（注）を下げている。

（注）この評価は6点尺度といい、「不十分」から「十分」の間を「1」から「6」の六段階で評価するもので、「1」は0ポイント、「2」は2ポイント、「3」は4ポイント、「4」は6ポイント、「5」は8ポイント、「6」は10ポイントに変換し、グループごとに質問の結果を0～10ポイントの値に変換した指数を用いて表したものである。指数5.5以上なら「状況に問題はない」、指数4.5以上～5.5未満なら「ほぼ問題ない」、指数3.5以上～4.5未満なら「不十分」。指数2.5以上～3.5未満なら「不十分との強い認識」、指数2.5未満なら「著しく不十分との認識」と評価している。

大学等研究者のポイント2.2は2.5未満なので、研究時間を確保するための取組みは「著しく不十分」と評価される。これを、論文数シェアのグループ別にみると、シェアの最も多い第一グループは一六年から一七年にかけて2.6→2.2、第二グループは2.3→2.2、第三グループは2.3→2.0、第四グループは2.4→2.2と、すべてのグループで下げていることが分かる。

研究時間の確保が不十分との評価は、63項目の選択肢のうち、最も不十分と回答した「科学技術における政府予算の状況」、「研究開発における基盤的経費（内部研究費等）の状況」に次いで三番目に低かった。上位二つは個別大学の努力では対応できないが、研究時間は大学の工夫によっては可能な課題である。研究時間の確保に向けた取組みは全大学共通の課題であり、その対策に一層力を入れるべきであろう。

ちなみに、時間確保の取組みで評価を下げた理由と上げた理由を自由記述にみることができる。下げた理由としては、

・大学改革、中期計画等の策定により、研究以外の業務エフォートが増加
・教授職は、運営に関する会議が多い
・人員削減により、一人当たりの事務作業や仕事量が増加（事務職員の不足）
・経費削減のため、非常勤講師を減らし、専任教員の教育負担を増やす方向に変化
・新学部開設に伴い、通常の業務時間内では明らかに対応できない仕事量がきている
・外部資金の獲得のために研究時間の多くが割かれている
・まとまった研究時間を確保できない（細切れ時間）、

などを挙げている。他方、評価を上げた理由には、

・クォーター制の導入で講義のない時期にじっくり研究活動ができる

・URA（リサーチ・アドミニストレーター）・研究支援者の採用や事務処理の委託が開始
・出席しなければならない会議数の減少
・外部資金を用いて研究支援者を確保
・一人に雑用を集中させないような取組ができ、雑用が減る方向に改善
・大学内の委員会の見直しによる、事務の効率化

を挙げている。

研究時間をいかに確保するかは、国公私立の違いや個々の大学の事情で異なるであろうが、可能なところから進めたい。ただ国立大学の場合は、法人化に伴う事務業務の増加等があり、第六章で述べるように、法人法の見直しと深く関わってくる問題でもある。

四 「選択と集中」の落とし穴

（一） なぜ「選択と集中」なのか

「選択と集中」の問題は、国レベルの問題と、大学レベルの問題がある。前者については、例えば、伊神氏は「日本の科学研究力の停滞の背景をよむ」（「科学」二〇一七年八月号）の中で、「過度な『選択と集中』と、それに伴う副作用が生じている可能性がある」と指摘している。また、豊田はその著書『科学立国の危機』に多くの紙面を割き、「選択と集中」の問題点を指摘している。以下では大学レベルの問題に絞って考えてみたい。

法人化すれば、運営費交付金は〝渡し切り〟で、大学の自由裁量で使えるものと言われており、当初は確かにそうであった。しかし、時と共に、大学「改革」とからめて政策誘導的にさまざまな制約条件が付され歪められ

てきた。その代表的なものが、「選択と集中」による資金の重点配分である。例えば、大学が先端的な研究分野や領域に資源を重点的にシフトしたり、〈機能強化〉や〈経営改革〉に取り組むと評価されるため、その支援経費を運営費交付金から捻出・再配分することもあって、基盤研究費の大幅な削減につながった。

運営費交付金が一〇年間で10％削減であれば、研究費も10％削減されるだけではないかと考えやすいが、実際は研究者の自由に使える基礎研究費は、半分とか三分の一以下と大幅に削減され、研究の基盤が崩れてしまうことになる。なぜ研究費にしわよせされることになったのであろうか。

「選択と集中」といっても、教育費を削減するわけにはいかないし、人件費の削減にも限界がある。その反面、大学改革に関連して新たに支出が増えてくる。そのため大学は、さまざまな節約を行なうとしても、それには限界がある。ところが研究費はバラマキと批判される一方、科研費や外部資金を獲得すれば可能だということで削減の対象になりやすい。こうして、少なくなった研究費も、大学として重点をおきたい研究や競争的資金の獲得のための動機づけなどに配分されるなどで、教員が自由に使える基盤的な研究費は、さらに少なくなる。それが、崩壊した基盤研究費の現実である。

筆者が学長であった法人化前後は、「選択と集中」の声はそれほど大きくはなかったので、基盤研究費をあまり削る必要もなかった。それでも、配分のメリハリをつける必要があると考え、重点研究支援のプロジェクトを立ち上げたことがある。

ただ、こうした重点的に支援する効果には疑問もあり、年一回開催される理学系学長会議の際、意見交換をさせてもらったことがある。当時は理学系の学長が一九名いたが、参加されたほとんどの学長から、「何を重点にすべきかの判断は難しい」ということで、重点化に否定的な声が強かった。基礎研究が中心の理学系学長達だったので、当然かもしれない。

それにしても、なぜ「選択と集中」なのかである。国は、限られた国家予算の配分にあたり、競争関係を通じて実績を上げる大学や研究者に資金を集中することで、効率良く成果を挙げられると考えたのであろう。研究も、「競争すれば成果が挙がる」という、素朴な信仰である。それで研究が発展するとは思えないが、もっともらしく聞こえるのは確かである。もし「選択と集中」に効果があったとするなら、「選択と集中」で成果の上がった部分のみに着目し、成果の得られないものや「選択と集中」の犠牲になったものには目をつむった結果、あたかも全体がうまく機能したかのように感じたからではなかろうか。「木を見て森を見ない」の愚である。

(二)「選択と集中」の弊害

(1)指摘されていた弊害

「選択と集中」によって多様で独創的な基礎研究が縮小することの懸念は、産業構造審議会・産業技術環境分科会研究開発・評価小委員会の「中間とりまとめ」(二〇一四年六月)においても、次のように指摘している。

「国立大学法人改革以降、運営費交付金が減額され競争的資金が増額されてきたが、近時、大学等において、競争的資金の申請等に係る手間の増大や、選択と集中を進めてきたため特定領域に研究資金が集中し、ともすると目先の研究資金が獲得しやすい研究を志向する等、研究活動が制約されているとの見方がある。

加えて、基礎研究分野における研究内容の多様性や独創性は、革新的技術シーズの萌芽を生み出す土壌として非常に重要である。また、優れた技術シーズになるかどうかは研究段階ではわかりにくい場合もあることから、独自性のある研究を継続して行うことも重要である。にもかかわらず、研究資金が多い分野に研究者が集まり、短期的な成果が出る研究のみに携わる流れが生じ、基礎研究の多様性が失われているとの指摘がある」

当を得た実に的確な指摘である。

こうした指摘を、前出の「ＮＩＳＴＥＰ定点調査２０１７」が傍証している。「研究開発にかかる基本的な活動を実施する上で、現状の基盤的経費（機関の内部研究費等）は十分だと思いますか。」の問いに対して、国立大学が多く占めるグループでは、二〇一六年から一七年にかけて第一グループは2.2↓2.0、第二グループは2.1↓1.9、第三グループは2.2↓1.9と全調査項目の中で二番目に「著しく不足」と挙げている。私立大学に比べ国立大学が、「著しく不足」と回答しているのは、法人化と無関係ではないと考えられる。

(2) 弊害の実態

「選択と集中」の結果生じることは、研究の多様性が損なわれたり、研究のすそ野が狭まることだけではない。長期的な視点より、短期的で成果の出やすい研究にウエイトがおかれることにも示されている。例えば、「日本の科学研究力の現状と課題」（二〇一六年一一月）によると、国際的に注目度の高い研究領域は二〇一四年で八四四領域と増えているが、日本が参画している領域が主要国に比べ極めて少ないだけでなく、大規模な研究領域への参加に比べ、挑戦的な領域への参加が少ないことが示されている。また、過去一〇年の大学や公的研究機関における研究の内容で、「増えている」研究は、「社会的課題の解決や経済的な価値の創出を直接的な目的とした研究／組織ミッション（地域貢献、社会貢献など）に合わせた研究／異分野の融合を目指す研究／一時的な流行を追った研究」

である。それに対して「減っている」研究は、「新しい研究領域を生み出すような挑戦的な研究／新たな研究テーマを見出すための探索的な研究」である。国や財界が期待するイノベーションにつながる研究が減っているという皮肉な結果になっている。

「選択と集中」の結果で危惧されていることに、集中したところは金が余り、かえって研究の効率が悪くなっていないかという問題がある。「科学における知識生産プロセスの研究―日本の研究者を対象とした大規模調査からの基礎的発見事実―」（二〇一〇年一一月科学技術政策研究所・一橋大学イノベーション研究センター共同研究チーム）によると、研究プロジェクトに費やした研究資金は、高被引用度論文産出群と通常群とを比べると、計算機科学・数学を除いた全分野において、前者の研究資金が後者のそれの三～五倍となっている。一方、研究に費やした全労力（人月）の両者の比は一～二倍であったことから、高被引用度論文産出群の方が、単位労力あたりでも、格段に多くの研究資金を費やしていることが分かる。

(3)見直される「選択と集中」

選択と集中のすべてが悪いと言っているわけではない。取り立てて「選択と集中」を言わなくても、物事を進めるときは、一定の〈効率性〉は誰でも考えることである。とはいえ、国を挙げて「選択と集中」を唱えれば、どうしても、過度の〈偏重〉に陥り、さまざまな歪みを引き起こしてしまう。

国は「選択と集中」の方針を止め、大学や研究者を信じるべきである。そうすれば、大学も研究者もそれに応えるのではなかろうか。

ところで、最近、経済界は、政府研究開発投資について「選択と集中」から「戦略と創造」の転換が必要と提言している（「ソサエティ5.0の実現に向けた「戦略」と「創発」への転換～政府研究開発投資に関する提言～」日本経済団体連合会二〇一九年四月)。経済界のリアルな実感は、もはや「選択と集中」路線は行き詰り、それに代って新しく「戦略と創発」をキーフレーズとして、当面の軌道修正を図ったということであろう。「提言」でいう創発的研究は、「課題や短期目標を設定せず、破壊的イノベーションをもたらすシーズの創出を目ざす研究」であり、〈多様性〉、〈融合〉、〈野心的挑戦〉をキーワードに、新世代の〈破壊的〉科学技術の創出を目ざしたものである。いずれにせよ、この路線転換に託した財界の意図と潮目の変化を見誤らず、今後の、研究開発投資の展開方向を見極めなければならない。

五　競争が壊す研究の多様性

競争すれば物事は発展するかのように国を挙げて競争にかりたてている。ところが、最近は、経済界も、しきりに連携を呼びかけているし、「イノベーション」も連携を重視した「オープン・イノベーション」へと動きが変わってきた。その原因は、グローバル社会で、国際競争が激しくなり、単独では限界がみえ、協働・協創が大切となったためであろう。「競争」至上主義に歯止めがかかっていることは間違いない。

もともと競争させ、それを評価することが可能なのは、明確な基準で優劣を競い合う場合で、典型的には記録とか勝負が明確なスポーツがそうである。研究や教育にはさまざまな基準があり、その範囲では競争が成り立つかもしれないが、そうでない場合は、片寄った視点に立った基準に合わせて教育や研究を競争させることになり、決して良い結果は得られない。

競争には評価がついてまわる。その評価には公平性と共に明確性や透明性が求められる。そうなると、単に客観的で分かりやすいというだけの基準に踊らされる。評価が過度に数値目標にこだわるのはそのためである。百害あって一利なしと言わざるをえない。

とくに、研究の場合、同じことをやっている場合は、相手より早く達成するという競争になり、競争相手に研究が先行されることが心配になる。相手が多くなれば、競争はそれだけ激しくなる。論文の引用が多いということは、その論文の価値だけでなく、その分野に多くの研究者が関わっていることでもあり、それだけ相手を意識せざるを得なくなる。

こうした研究の先行をどの程度気にするのか、日米研究者について比較した調査結果を、ＮＩＳＴＥＰと一橋大学等による報告書「科学における知識生産プロセス：日米の科学者に対する大規模調査からの主要な発見事実」（二〇一一年一二月）にみることができる。「競争相手によって研究が先行されることを、どれくらい心配していたか」の質問に、高被引用の論文を産出している研究者の場合、日本は、「大変心配した」と回答した研究者が「全く心配しない」の一・五倍であるのに対して、米国は、逆に「全く心配しない」と回答した割合の方が「大変心配した」の一〇倍と全く異なっている。この傾向は程度の違いはあるものの、被引用数が通常の研究者の場合においても同じである。日本の研究者は、競争相手の研究を過度に意識しているといえる。なぜこのような違いが生じているかは、競争を煽る日本の社会と無関係ではなかろう。そこには、競争に追われ心をすり減らしている日本の研究者の姿がある。

競争となれば、早く成果を挙げたくなる。そうなれば、じっくり腰を据えた研究や先の見えない研究は敬遠しがちになるであろう。そのことはＮＩＳＴＥＰの「日本の科学研究力の現状と課題（二〇一七年二月）」による研究者の活動の変化に示される。一〇年前と比べ増えているのは、「短期的な成果が出ることを強く志向する研究者」や「成果の出る確実性が高い研究を行う研究者」であり、逆に減っているのは、「長期的な研究戦略を重視して，研究テーマにじっくりと取り組む研究者」となっている。ここにも「競争」による研究の歪みをみることができる。

六　産学連携の新たな動き

(一)　下請化は個から組織へ

前著で産学連携の推移にふれて、「今は産業界の下請け的になっている」と述べた。下請けとは、本来研究者の自主性に基づくべき研究が、産業界の要望に応える研究にシフトしたことを意味している。その限りでは産学共同研究は順調に進んできた。

ところが、こうした動きに対して、経団連は「産学官連携による共同研究の強化に向けて～イノベーションを担う大学・研究開発法人への期待～」(二〇一六年二月)において、『産学官連携』の最大の役割は、優れた最先端技術の創出と社会実装(イノベーション)の有機的な連携である」とし、現実の産学官連携は、「その役割に対して、成果・活動の両面で低調といえる」と断じている。その理由として、「個々の研究者間での純粋な『研究活動』が中心」で、予算規模も小さいことを指摘している。そこで、これからの革新領域の創出に向けては、「将来のあるべき社会像等のビジョンを企業・大学・研究開発法人等が共に探索・共有し、基礎・応用や人文系・理工系等の壁を越えてさまざまなリソースを結集させて行う『本格的な共同研究』を通じてイノベーションが加速することが重要である」とし、そのためには、企業や大学など各主体の壁を越えた組織的な連携体制の構築が極めて重要であると指摘している。

これと関連させて、経団連は、大学の機能分化の必要性を唱えている。例えば、経団連「今後のわが国の大学改革のあり方に関する提言」（二〇一八年六月）には、「『世界』を選択した大学は、先端的で世界的に高度な研究を中心に機能強化を進めるべきである」とし、「『地域』を選択した大学は、地方創生に貢献すべく、地域の産業を支える人材の育成と地域の企業との連携・共同研究に努めるとともに、新たな地域の産業を興すインキュベーション機能を果たすべきである」としている。

ここから読み取れる財界主導の産学官連携のあり方は、いわゆるグローバル企業にとっては、世界に伍する大学が相手なのに対して、「地域」を選んだ大学は、地域の産業界と連携すべきという、産学連携の棲み分けである。と同時に、イノベーションの掛け声とともに、大学の研究のあり方をもっぱら産業界の要望に沿って方向づけようとする産業界の本音がみえる。このままでは、大学全体が組織を挙げて、財界の下請化に向かいかねず、研究の自由も経営の論理に蹂躙され、押しつぶされてしまうであろう。

（二）なぜイノベーションを大学に求めるのか

広辞苑では、イノベーションとは「生産技術の革新・新機軸だけでなく、新商品の導入、新市場・新資源の開拓、新しい経営組織の形成などを含む概念。シュンペーターが用いた。日本では技術革新という狭い意味に用いることもある」とある。ところが、第三期科学技術基本計画におけるイノベーションは「科学的発見や技術的発明を洞察力と融合し発展させ、新たな社会的価値や経済的価値を生み出す革新」と定義し、経済界では新産業・ビジネスモデルの創出をもたらす革新的技術とされている。

ところで、産業界はなぜイノベーションを強調し、その源泉・シーズを大学に求めるようになったのであろうか。産業界が生き残るためには、いかに利益を挙げるかが重要な課題である。これまでは、低賃金や生産過程の合理化で人件費をはじめコストを最小限にし、また製品の改良により付加価値を高めることで利益を得てきたが、開発途上国の追い上げもあり、そうした手法には限界が見えてきた。そうなると、新たなビジネスモデルの展開、消費者が飛びつくような画期的な製品を新たに開拓する道しかない。それが今、産業界があげてその重要性を主張するイノベーションである。

大企業はこれまで、大学とは比べものにならないほど研究費を開発につぎ込んできた。しかしそれは、製品化に結びつく開発研究が中心で、イノベーションの種（シーズ）になる基礎研究は疎かにしてきた。バブル崩壊後は、自社で抱えていた基礎研究部門を縮小したこともあって、単独でイノベーションに取り組む力は細り、その部門を大学等に頼らざるを得なくなった。そうした企業の「お家の事情」から、税金で賄う国立大学は、産業の発展に協力するのは当然とばかり、声高にイノベーションを唱え、大学にその役割を求め、産業競争力の強化につながる、近視眼的な研究に向けようとしたのである。

こうした流れを受け、第五期科学技術基本計画（二〇一六〜二〇年）では、「イノベーションの源泉としての学術研究と基礎研究の推進」として、「国の政策的な戦略・要請に基づく基礎研究は、学術研究と共に、イノベーションの源泉として重要である」と学術研究とともに政策的な基礎研究の重要性を認めている。ここでの学術研究については、

「知のフロンティアが急速な拡大と革新を遂げている中で、研究者の内在的動機に基づく学術研究は、新たな学際的・分野融合的領域を創出するとともに、幅広い分野でのイノベーション創出の可能性を有しており、イノベーションの源泉となっている」

と、大学でいう「基礎研究」と一見重なっているようにみえるが、それはあくまで「国の政策的な戦略・要請に基づく」もので、しかも、その目指す先を「イノベーションの源泉」と直に結びつけており、研究者の自由な発想に基づく、本来の基礎研究とは異質なものである。

(三) 基礎研究の両義性

一般に基礎研究の充実といっても、いまや二通りの基礎研究がある。大隅典子の言葉（仙台通信）を借りれば、基礎研究には、自由な発想・ボトムアップの基礎研究と政策誘導・トップダウンの基礎研究があり、その特色は、前者が多様性で、後者が重点的である、と基礎研究の性格を明快に区分している。同じ基礎研究といっても、現実にはそうした二元的な捉え方の中で揺れ動いているのが現実である。ところが、一般には前者は趣味の研究、後者が役に立つ基礎研究と短絡的に理解されやすい。多くのノーベル賞受賞者が重要性を唱えている基礎研究はこのボトムアップの基礎研究である。一時的にはマスコミも、この基礎研究の重要性を持ち上げるが、残念ながら、それは一過性に過ぎない。それだけに、本来のボトムアップとしての基礎研究の重要性を、広く社会にいかに理解してもらえるかが課題になる。

ところで、ＮＩＳＴＥＰがまとめた前出の「意識調査（定点調査２０１７）」（二〇一八年四月）によると、「イノベーションを促進するために大学に期待すること」の質問で、一二項目の中から上位二位まで選択させた結果、企業の研究者の第一位は、企業の規模によらず「企業では実施が困難な基盤的・長期的な研究開発の実施」であった。上位三位以内を、企業規模別にみると、大企業の研究者は「企業では実施が困難な基盤的・長期的な研究開発の実施」50％、「独創的な研究（イノベーションに結びつくかも分からないものも含めた）の実施」43％、「企業では実施が困難な世界最先端の研究開発」42％になっている。これに対し、中小企業の研究者は、それぞれ44％、28％、31％、と順位は異なるものの、上位三位までは共通となっている。企業の研究者にとっては、企業では困難な独創的な研究を大学に期待していることが分かる。

ところが、「産業との連携を通じた製品の実用化に向けた研究開発」について回答した大企業の研究者は、わずか９％に過ぎなかったが、中小企業の研究者の場合は27％と、大きな開きがある。大企業の研究者は基礎研究、中小企業の研究者は応用研究を大学へ期待する傾向は、研究大学と地方大学に対する企業の期待と軌を一にしている。

七　研究をあきらめない──研究室から飛び出し連帯の輪を広げよう──

（一）初心に戻ろう

研究は、自分の興味関心や知的好奇心が動機になっている。しかし、すでに述べたように、運営費交付金の削減の上に「選択と集中」が重なり、安定的で持続的な研究を支える基盤的経費は大幅に削減された。さらに、多くの教員は、法人化後の矢継ぎ早の大学「改革」に伴う多忙化で、研究時間の確保が困難になっている。これをどう改善するかは個々の教員の努力では限界がある。このまま我慢すればよいとして済まされないとすれば、大学や研究者に何ができるかである。

研究費が欠乏すると、ヒモ付きでも外部資金を獲得しなければならない。そうなると、研究も外部資金の獲得につながるテーマを選ぶことになり、研究の自由はなくなってしまう。

こうした現状を前に、研究への意欲を失っているとしたら、初心に返ってみたらどうだろうか。人によって違いはあっても、研究者は本来、知りたい・調べたい、未知のものを明らかにしたいとの思いが強いはずである。そこでは、研究費が潤沢にあるか無いかを考えた人はそう多くはなかったであろう。

研究費の不足を嘆くとしても、無ければ、無いなりに、どのような研究ならできそうで、そのためには、どんな研究方法があるか工夫してほしい。真剣に考えれば、興味ある研究テーマはいくらでも見つかるに違いない。頭からつまらない研究だとか、うまくいきそうにないと考えるのではなく、逆境の先に道は必ず拓けると信じて、まずは乗り出すことである。

(二) 研究の仲間を増やそう

研究をさらに進めるためには、その研究を周囲に伝え、関心を示す研究者を増やすことである。そうすれば、共同研究の相手を得ることも可能となる。共同研究といっても、外部資金による産学共同研究の場合は、自分の興味関心から出てくるテーマにはなりにくい。ここでいう共同研究はあくまで、自らの発想によるテーマで取り組む、研究者同士の協働・共創の研究である。

一人で研究する方が楽なのに、わざわざ仲間をつくる必要があるのかと、共同研究に伴うわずらわしさも考えられる。それでも、連携・共同を推めるのは、研究を進める段階で、仲間との議論を通して、一人では気づきにくい観点や発想が得られるからである。研究内容をめぐる相互批判も大切である。また、率直な討論を通じて、研究の質をより高めることができる。その上で、お互いに研究費を持ち寄れば、結果として研究費をより効果的に使えることにもなる。まさに知の総合による相乗効果である。

共同研究のもう一つの利点は、指導している研究室の学生への効果にある。研究者同士の共同研究に学生が加わることで、他研究室や他大学の研究者からも指導を受けられる機会に恵まれる。その学生にとっては、新たな刺激を受けることで、指導の効果が飛躍的に上がることが考えられる。

（三）さまざまな社会との連携

研究の場を社会に広げたらどうだろう。地域社会にしろ企業にしろ、そこにはさまざまな課題があり、そこから興味ある研究テーマが見つかるのではなかろうか。社会は、研究課題の「宝庫」と見るべきである。石田紀郎は「現場とつながる学者人生」（藤原書店　二〇一八年四月）の中で、「現場で働いている人との雑談の中で、その人が何を考え何に悩んでいるかを聞き出すことで、普段は気づかなかった価値のある研究のテーマが見つかることがあると思う」と述べている。

社会には、さまざまな人が生活を営んでいる。そうしたところには、それぞれの地域や企業の知恵が集まっている。この知恵は、言葉や文字では表せない経験知・暗黙知である。そこに出かけ、話をするなどコミュニケーションを取ることで、暗黙知を掘り起こし、それを形式知にする役割が研究者にある。さらに、それを普遍化することは、まさに研究そのものに通じる。地域社会に課題を求め、社会人と一緒になって、課題を解決する研究は、同時に社会貢献にもつながるであろう。

大学で進められている研究は基礎研究が多く、社会生活の実感からは隔たりがあり、関心がもたれにくい。それだけに、研究のあり方・姿勢としては、社会への関心を広げる努力が必要である。市民に向けた講演や著作もあるだろうが、それ以外にも挑戦してみたらどうか。その一つに最近広がりつつあるクラウドファンディングがある。これはファンディング（資金調達）が示すように、研究テーマを公表して、基金を広く募ることである。ここでは、資金を集めることを第一義的に考えるのではなく、それを通して、研究に関心をもってもらえる市民を増やすことである。もちろん、研究に関心を持ってもらうことは容易ではないが、テーマを工夫し挑戦してみる価値はある。また、研究内容によっては、研究補助として市民ボランティアを呼びかけることもある。その場合、研究室ですむ研究では無理があろうが、地域に出かけ、地域の課題に取り組む研究なら、時間に余裕がある、好奇心旺盛なシニアは結構おられるに違いない。

研究環境に恵まれれば、自主的に研究できるというものでもない。困難を克服していく中でこそ自主性が発揮できる。必要なことは、「諦め」ではなく、「挑戦する意思」をもち続けることである。自ら踏み込んだ「研究」に誇りをもち、次代を担う若い研究者を育てることに、情熱を燃やす気概をもちたいものである。

劣化する大学現場の実相

法人化後一五年、国立大学の教育研究環境は一刻の猶予も許されない危機的な状況にある。大学の基盤的財源である運営費交付金の毎年の削減が主因で、私が勤務する北海道大学農学部もその例外ではない。

二〇一八年度現在、法人化前に比べ教授が2割減、全教員数も1割減で、事務職員に至っては3割減である。人件費不足による教職員のこうした状況はもはや限界という他はない。法人化以降、「改革・評価」に関わるミッションや事業が増えて教員は多忙を極め、研究が停滞し、加えて退職教員の後任補充が容易でないため年齢構成がいびつになる上、若手の育成が滞り、学問体系や実験材料・技術の継承が懸念される。

一方、研究費はこの間毎年減額され、学生七〜八人を指導する平均的な教員一人当たりの配分額は年一〇〇万円程である。その中から研究室の賃借料や機器の保守管理費、学生の学会参加旅費など必要経費を差し引くといくらも残らない。研究は、科研費などの競争的外部資金の獲得で何とかつないでいる。

財務省は、「頑張っている研究者には研究費を強力に支援するが、そうでない人にはしない」と言う。見当違いもはなはだしい。大きな発見は多くの失敗をもとに生み出される。失敗している間は頑張っていないと見なされるのだろうか。大学の教員は、教育と研究を共に本務としているのに、その資金的裏付けが乏しく、常に飢餓状態にあるのが問題だと言っているのだ。まして駆け出しの若手が競争的外部資金を獲得できるまでは、潤沢でなくてもせめて精神的にゆとりを持って研究に打ち込める基盤的な研究費が必要である。昨今、競争的外部資金の充実が若手人材の育成に有効と考えられているようだが、現場を知らない人たちの妄想である。必要なのは、基盤的な研究費を安定的に確保して、若手がじっくり研究に取り組める環境をまず整えることである。畑を耕して種を蒔き、出てきた沢山の芽の中から生まれる優良品種が、将来ノーベル賞やイノベーションの創出につながることは歴史が証明している。

現状で国がいくら大学改革の旗を振っても絵空事に聞こえる。従前の改革路線が続く限り教育研究はさらに停滞し、若手は大学に寄り付かず、財界期待の科学技術イノベーションによる経済発展も見込めない。時すでに遅しの感はあるが、今日の状況を転換して持続可能な教育研究体制を再構築すべく、有効な方策を講じるよう国に強く求めたい。これ以上の研究の停滞と大学の疲弊は許されない。

（横田　篤）

coffee break

第五章　事務職員の力を生かした大学へ

法人化後、国立大学の事務業務が増加したにもかかわらず、多くの大学で常勤職員の削減が行われた。それでも、私学に比べれば職員が多いとも言われる。国立大学の事務業務のさらなる見直しとともに、働き甲斐のある職場を作ることが、大学にとって当面の課題となっている。

筆者は、法人化に当たって、大学を有名にするのは教員であり、大学を良くするのは職員だと言っていた。事務職員は、法人化で国家公務員から法人の職員となるため、その意識も、それまでの文科省から、大学を向いた業務に取り組むことになるのではないかと期待した。法人化になっても教員の教育・研究に関わる業務の本質は変わることはないが、職員は大きく変わり、大学を支える人材としてより重要な役割を担うことになると考えたからである。そこで、前著ではほとんど触れなかった事務職員の組織や業務の在り方について、筆者の体験も踏まえ、考えてみることにする。

一　法人化に当って考えたこと

法人化前の職員は国家公務員で、文科省の出先機関として大学組織の維持管理と大学運営を支える役割を担いながらも、教員の下働き的な役割とみなされていた。しかし、職員は教員と共に車の両輪として、その役割を果たしてほしいとの思いから、学長就任後考えた重要な課題の一つに事務体制の見直しがあった。従来の事務は部課制のもとに、前例重視の縦割りで、組織の柔軟さに欠け、大学全体の視点から業務のあり方を考える意識が弱かった。法人化を機会に、こうした点を見直しながら、「事務のあり方」をまとめた。以下はその概略である。これがすぐに実現するとは思わなかったが、当時あるべき姿として考えたものである。一五年を経た今でも、その思いは変わらない。

(一)　事務組織の在り方

まず考えたことは、理事・副学長の下にラインとしての事務組織を置くことであった。ただその場合、ラインが蛸壺的になることが危惧されるので、理事・副学長と事務部門との連携を強化するため運営連絡会をおき、常に全体を見通せるよう毎週開催した。なお、課題解決のために必要に応じて、理事・副学長の下にもプロジェクトチームが組めるような柔軟な組織をつくることにした。

従来の部・課の組織は縦割り思考が強すぎるので、視野を広げ、多様な企画やアイデアが出やすく、迅速に取り組めるよう、次のようなフラットな構造を目指した。

①小規模な大学の特色を生かして、組織の弾力的な運用が可能なように、課長・補佐、及び専門員・専門職員等の業務のあり方を見直す。
②副学長と事務の有機的な連携を図るため、副学長事務補佐を置く。
③部課を越えたプロジェクト型の仕事を推進できるよう、個人の業務範囲を限定し過ぎないようにし、必要に応じて互いに協力体制がとれる柔軟な組織とする。
④職員が何を考えているか把握できるよう、係・課・部単位の事業計画（アイデアでもよい）を、定期的に学長に報告する。また、個人レベルのアイデアはメールを活用し、学長宛に送れる工夫の検討。あるいは、係から課長を越えて直接部長につながるラインなど、情報の流れやすい組織とする。

(二) 事務業務のあり方

この業務は自分たちの縄張りと限定し、その中に閉じこもらないこと。また、業務は待ちであったり、慣例にしたがって考え・行動するのではなく、大学の目指す方向に向かって一人ひとりが企画し、挑戦していくことが大切であると、次のような、事務業務のあり方を考えた。
①規模の小さい大学なりの特色を出せるよう工夫する。部課制の枠組みに合わせて仕事をするのでなく、大学としてやるべき仕事に合わせてチームを作ることが大切である。また、現場（窓口）の重要性を認識するとともに、そこから気づく課題を重視する。その上で、課題の共有と業務の分担・連携が必要である。
②弾力的な運営と業務のスピードアップを図るために、仕事を大幅に見直し、カットできるものは思いきってカットする。

・慣習から脱却し、企画・改革する創造力を醸成し、経費節約、能率化・迅速化、サービスの向上につながるように工夫する。
・起案書の簡素化と迅速化など、業務プロセスの効果的な省力化をはかるが、責任の所在を曖昧にしないこと。
・開かれた大学になるには、学外者や学生の声に耳を傾け、上から目線でない、ステークホルダーを意識したサービス精神（民間的手法）を醸成する。

③職員は教員の教育研究活動を支援する役割から、大学運営全般にわたって協力関係を保つこととする。そのため、関係する全学委員会には職員も委員として加わるなど職員と教員の連携システムを構築する。いまでいう教職協働の意識と体制である。

④専門員や専門職員の専門性とは、知識の蓄積量や仕事を滞りなくこなす能力ではない。企画や改善のアイデアを出し、大学の発展にどう寄与できるかである。教員と対等（権限と責任）な専門職の設置を含め、そのあり方を見直す必要がある。

これらを進めるためには、職場は常に明るく、互に信頼し、自由に議論ができる雰囲気でなければならない。

（三）　職員を生かせる職場

国立大学当時の硬直した人事のあり方を見直すよう次のように考えた。

①職員を生かす

職員個々の仕事の領域を限定すると、仕事が少なくなれば、新たに仕事をつくろうとする。そうならないように、普段からマルチの仕事ができる資質と環境を醸成して、職員のもつ特性と得意を伸ばし、活躍の場を広げる。失敗は咎めず改善の糧にする。役職上は上位でも、能力が上とは限らない。仕事によっては上下関係が逆になることもある。仕事上の同僚として、互いにリスペクトし合える関係を作る。

②職員の異動にあたって

自分の希望する異動先で、何がやりたいのか、その内容を出してもらうなど、各自の資質が伸ばされるような工夫が必要。そのためにも、部署を越えた意見の交流（懇談の機会の増加）の場をつくる。

これらの内容は、国立大学当時の硬直した事務体制の中で、学長として何とか改善しようと考えたことで、実際の運用では必ずしも、徹底したとはいえなかった。

法人化すれば、従来の国立大学当時の業務は省力化されて、より簡素化されるので、これからは業務の質向上と事務系人材の育成に力を入れることができると考えた。しかし、現実はそれと真逆で、法人化に伴う業務の多様化と、あいつぐ大学改革の流れの中で、日々の業務に追われる状態が続き、現在に至っている。とりわけ、中小規模の大学ほど厳しく、歪みも大きい。

こうした多忙化の中で、日常業務を遂行する範囲では能力の向上がみられたが、これらは与えられた業務をいかにこなすかの能力である。期待していた、自ら考え、企画し、それを進めていく力を付ける余裕はなく、仕事の質と量で職員を追い詰める状況にある。これをいかに打破するか、大学に課せられた切実な課題である。

二　国の動き

(一)教職協働とSDのすすめ

事務職員及び事務組織の在り方について、国はどのように認識し、どう改善しようとしたのであろうか。その動きを、中教審の審議にみることができる。

まず、二〇〇八年一二月の中教審答申「学士課程教育の構築に向けて(答申)」の中で、大学職員の現状と課題として、

「大学職員は、大学の管理運営に携わる、また、教員の教育研究活動を支援するなど、重要な役割を担っている。職員の学内での位置付け、職員と教員の関係については、国公私立それぞれに状況が違うが、大学経営をめぐる課題が高度化・複雑化する中、職員の職能開発(スタッフ・ディベロップメント、SD)はますます重要となってきている」

と、高度化・複雑化する課題に対応していくための、職能開発の重要性について述べている。また、改革の方向として、「教員と職員との協働関係を一層強化するため、SDを推進して専門性の向上を図り、教育・経営などさまざまな面で、その積極的な参画を図っていくべきである」と、職員の質の向上の必要性を挙げている。

さらに答申は、大学における教育研究活動を支援する人材の量的な不足についても指摘し、職員の質・量それぞれの課題に適切な対応をしなければ、大学改革の推進の隘路となると述べている。しかし、答申は指摘だけであって、その対応は大学に丸投げしているだけであった。

その後、中教審大学分科会の「大学のガバナンス改革の推進について（審議のまとめ）（二〇一四年二月）の中でも、「各大学による一層の改革が求められる中、事務職員が教員と対等な立場での『教職協働』によって大学運営に参画することが重要であり」、そのためにも、「事務職員のスキル向上のためのＳＤの義務化等、今後、必要な制度の整備について、法令改正を含めて検討すべきである」と、事務職員が教員と対等な立場で大学運営に参画できるよう、ＳＤの義務化を強調している。

（二）法改正をどう生かす

「審議のまとめ」を受け、同大学分科会教育部会は「大学運営の一層の改善・充実のための方策について（取組の方向）」（二〇一六年二月）において、「大学の事務組織及び事務職員が、当該大学の目標の達成に向け、これまで以上に積極的な役割を担い、大学運営の一翼を担う機能をより一層発揮できるよう」にと述べ、法令等に反映させることが適当としている。ただ、各大学の実情を考えてか、「事務組織及び事務職員について、その具体的な組織や職務等の在り方については、各大学が、それぞれの実情を十分に踏まえ、自主的・自律的に判断し、その在り方を決定すべきものであることに十分留意する必要がある」とも述べている。

この「取組の方向」で示される「法令等に反映」を受け、二〇一七年三月に大学設置基準法が改正され、「教員と事務職員等の連携及び協働」として第四二条の三に「大学は、当該大学の教育研究活動等の適切かつ効果的な運営を図るため、その職員に必要な知識及び技能を習得させ、並びにその能力及び資質を向上させるための研修の機会を設けることその他必要な取組を行うものとする」が規定された。あわせて、第四一条「大学は、その事務を処理するため、専任の職員を置く適当な事務組織を置くこととする」の「事務を処理するため」を「事務を執行するため」に改正し、より主体的・積極的に大学運営に参画するよう位置づけた。

こうした動きに対して、国大協は、「高等教育における国立大学の将来像（最終まとめ）」（二〇一八年一月）の中で、

「各大学は優れた人材の確保に努め、『教職協働』という言葉もあるように、財務・施設等の管理業務や教育・研究支援業務のみならず、大学全体の経営や教育研究推進に係る戦略の企画立案における積極的な役割も期待されているが、そうした人材を育成する方法やキャリアパスは必ずしも確立されていない。さらに、後述するように各方面（産業界、地域、国際等）との連携や学生支援などにおける専門職の位置付けや育成等についても課題が多い。これらについては、国立大学が連携協働して人材の育成・活用方策を検討する。また、「事務職員」という名称について、その多様性・専門性等の実態を踏まえて見直すことも検討すべきである」

と述べている。従来は、研修の機会を広げる以外は目に見えた活動はなかったが、連携協働した人材の育成・活用方策の具体化に向けた国大協の役割を期待したい。

すでにみたように、文科省の関連する部会等での提言は、大学改革に伴い、事務職員の業務の多様化・高度化もあり、その資質の向上を図る観点が中心である。そこには、法人化に伴って増大・変化する各種業務の質と量への懸念はない。人件費の不足をカバーするため、常勤職員が削減され、非正規職員が大量に採用されているという厳しい現実には目を背けたままでいる。真に重要なことは、こうした現状を把握したうえで、業務の簡素化に向け、その在り方に言及することではなかろうか。

三　職員研修一つの試み

大学の事務職員の心構えや業務知識、スキルの向上といった内容に関わる研修の機会は、個々の大学の他、国大協などで全国的に行われている。こうした研修の必要性は認めるものの、その効果は定かでない。

学長を退き福島大学の監事や経営協議会の学外委員を務めたが、その際、監査室の職員が企画した職員研修の講師を依頼されたことがあった。大学の職員研修に関係しては、NPO法人学生文化創造が企画した、学生相談に関する基礎テキストの編集委員に加わり作成した「学生支援相談基礎必携」の分担執筆と監修を担当したことはあるが、大学の職員研修の経験はなかった。

ただ、仕事に取り組む姿勢は、科学のあり方や考え方と通じるものがあると常々思っていたので、科学的な見方・考え方を通して、職員に心がけてほしい話題を提供し、皆と話し合う内容であればと引き受けた。

実施した研修は、講話だけでなく話題に関連して実験・工作をふんだんに取り入れた。話だけなら忘れるが、実験だと記憶に残るし、その実験を思い出せば、関連して話も思い出せるかもしれない。また、研修の内容を実践してもその成果が表れるのは先のことである。しかし実験は、その場で話の内容を実証できるので、話の主旨をより実感してもらえるのではないかとの思いもあった。

手作りの研修といっても、大学の企画の一環なので、勤務時間内に実施する公的なものでもある。研修は延べ四回で各回二時間程度、毎回の参加者は若手の係員を中心に一五名前後であった。

研修全体を通したテーマは、「自分を知り、人を知る―信頼関係の構築を目指して―」ということで、研修に先がけ、職員に期待することとして、新たな状況に積極的にチャレンジする人になって欲しい、「できません」と答えるのではなく、「やってみましょう」と言えるだけの自信と能力を身につけて欲しい。そのためには人を知り、自ら考え実践することが大切と話した。

一回目は、人とはどういうものかを四つのテーマについて実験を混じえながら進めた。テーマ①「人は見たもの（体験）を信じやすい」では、人は与えられた情報の枠内で考え判断しがちである。特に、視覚に訴えると強く影響され、ついそれを信じ、それ以上を考える力や想像力を失ってしまう。また、体験してうまくいったものほど重視しがちになるといった話である。②「人は思いこみで判断する」では、人は先入観や固定観念にしばられて、それとは違ったものはみえなくなり、より正しい判断ができなくなると話した。

そして、③「人は容易には考えを変えない」では、自分が日常体験して得た知識には固執しやすい。これを変えるのは、説明ではなく新たな実践（経験）である。さらに④「人は自分に都合よく考える」では、自分にとって都合の悪い情報は、信頼するに足らない情報だと、自己中心に陥りやすい。また、意見を聞くと言いながらも、実際はその中から自分の都合の良いものだけを取り上げやすいと話した。最後に、部・課を越え仲間を作り、さらに他の大学にも広げ、お互いを磨こうと話して終えた。

二回目は「自ら考え、判断し、行動しよう」というテーマで、単に考えるだけでなく深く考え、さらにそれを実践することが大切だという話である。具体的には、「あたり前を疑おう」として、普段の仕事を疑いもなくやるのでなく、なぜそうするのか考え直してみる。知っていることと分かっていることとの混同をしないようにと話した。次の、『多様な考えをもとう』という話では、こうするのが良いと（上司に）言われるとそれしかみえなくなる。あるいは、個々には正しいと思っても、総合的に見た場合正しいとは限らないことがある。また、「答えは一つではない」と題して、筋道が通った正しそうな論理（解決）がみつかると、それで満足してしまい、それ以外の論理や解決方法を考えようとしなくなる。そうした場合は、視点を変えるなど、他者の立場に立って考えようということで、職員の立場だけでなく、学生の立場や学外者（地域住民）の立場に立つことの大切さを、実験を通して話した。「発想の転換↓想像力をもとう」では、一見無関係と思えることでも、自分の仕事とつながりがあるかもしれないと考えることが必要と話した。

この日の最後は、「思考から行動へ」ということで、考えは実践を伴って深化することから、実践の大切さについて話した。うまくいけばそれはそれでもよいが、もっと良いことは、うまくいかなかった場合、その原因を見つけることで、次への進歩につながる、と締めくくった。

三回目は「実践してみよう―ＰＤＣＡサイクル」というテーマで、話のあと、各自、短期間で成果がみえるような行動目標を立てることにし、話し合いを進め、各自の目標を設定した。次回までにそれを実践し、その結果を持ち寄ることにした。

最終回は、前半にこれまでの話のまとめとして、「模倣から創造へ」について話した。科学にとっても模倣は大切であるが、模倣に終わるのではなく、自ら考え、磨き上げ、新たな創造を目指す必要があると話した。他の大学や、他の部・課などの仕事の内容ややり方を見習う（参考にする）ことは大切だが、科学の法則にも適用範囲があるように、他でうまくいったからといって、自分の職場でうまくいくとは限らない。自分に不都合な意見にもしっかり耳を傾けながら、業務を見直し実践してほしいと話し、後半は、前回各自が立てた行動目標の実践結果について発表し合った。

筆者が担当した内容は、通常の研修内容とは違い、事務職員の研修として適切なものであるかどうかは分からない。しかし、与えられた受け身の研修より、自ら企画し創りあげる研修の経験は大切ではないかと考える。今回は事務職員が企画し、筆者が協力する形をとっているが、研修によっては教職員が共同して企画・運営することもあってよいのではなかろうか。

職員研修も必要だが、より大切なことは、普段の業務を通してお互いが学び合うことであり、そうした職場の雰囲気である。できるなら、それに教員も交えて、忌憚のない意見交換ができることが望ましい。

四　教職協働の在り方

(一)　教員と職員の長所を活かす

少子高齢化社会、地方の過疎化、産業の停滞、国際化といった社会変化の中にあって、大学も産業界や地域と連携した取り組みや、教育研究の推進に向けた取り組みに向け、その使命を果すために、どのように経営（運営）するかという厳しい現実がある。そのため、事務職員だけでなく教員と連携した、いわゆる教職協働の必要性がいわれ、先に記したように、大学設置基準に新たに「教員と事務職員等の連携及び協働」の一項が規定された。

ところで、もともと教員と事務職員とは、業務の関わり方においてさまざまな違いがある。教員は教育研究を通して、議論や主張することには慣れており理屈（論理）を大切にするが、大学全体を眺める点では不十分であり不得手である。一方、職員は大学改革の現場感覚を磨き、大学全体を考えており、議論より行動が優先するが、経験と前例を重んじる傾向がある。ガバナンスを例にとってみると、教員は、議論して物事を決めるボトムアップを重視しているが、職員は上からの指示で動くトップダウンに慣れている。教職協働を有効にするためには、この違いを互いに理解し、それぞれの強みをうまく生かすことが大切である。

教職協働を一口に言うなら「教員と職員が大学の目標や方針を共有しつつ相互に理解し協働して業務を遂行すること」といえる。しかし形だけの教職協働ではなく、互いに相手の立場を尊重し、任せることは任せ合う信頼関係が大切である。

(二) ポイントは信頼関係

ところで、山本眞一らは、教職協働に関連し、全国の国公私立大の役員及び教職員を対象に調査し、教員と職員の教職協働(対等の立場で企画・立案と実践を行なう)についての意識の違いを調べている(「教職協働時代の大学経営人材養成方策に関する研究」山本眞一編　広島大学・高等教育研究叢書一二三、二〇一三年三月)。これによると、総務系について、職員の66%が職員主導を挙げ、教職協働は34%に留まっているが、逆に教員の64%は教職協働で、職員主導という意見は31%と少ない。また、教務系の業務処理については、職員の76%が教職協働との意見に対し、教員は56%にとどまり、残りの40%は教員主導という意見であったが、教員も職員も共に教職協働の必要性を認めていることにはかわらない。

しかし、小方直幸は「職員が職員主導と考えている項目に対して、教員は教職協働を望み、逆に教員が教員主体と考えている項目に対して、職員は教職協働を望んでいる」とし、こうした教員と職員との認識の違いは、教員が見ている世界と職員が見ている世界との齟齬が小さくないと指摘している。真の教職協働は、単に教職協働が必要とする割合が高いというより、お互いが同じ方向を向いているという信頼関係の上からも、こうした認識の相違がなくなることの方が重要かもしれないとしている。

筆者は学長の時、教員と職員は車の両輪で、両者が対等に議論し業務を遂行することが必要と考えていたし、事実、そのための環境づくりにも努めた。いまでいう教職協働である。しかし、当時は、あくまで自主的なものであった。

法人化後、大学改革に伴って、新たな業務が増えると同時にそれまでにはなかった業務が加わり、その内容も高度化し、専門的な知識も必要となってきた。そうした業務の質の変化から、事務と教員との教職協働の必要性が出てきたことも事実である。しかし、同時に、事務職員の業務量が限界を越えたため、教員がそうした事務的業務を担わなければならなくなったとすれば、この状況を放置したままの教職協働は、教員をさらなる多忙化に追い込むことにもなる。

繰り返しになるが、教職協働の理念は、お互いの存在を尊重し認め合うことにある。お互い対等な立場に立って意見を出し合い、お互いが納得できることこそ大切である。しかし、それは言うべくして難しいことも事実である。

忘れられない記憶の一つに、教育学部長の時、教育実習の業務を一部変更したときの出来事がある。学部長室を訪ねた本部学生係の女性職員から、「なぜ教授会でこのような変更を決めたのですか」と真意を質された。変更した理由を巡ってじっくり話し会い、納得してもらった結果、短時間で変更に沿う業務の見直しをみごとに完成させてくれた。一般の事務職員が直接学部長に異議を申し出ることは珍しい時代であった。教職協働の基本は、互いの主張をしっかり述べ、納得し合い、理解することではないかと思う。記憶に残る貴重な経験であった。

五　これからの働き方を考える

（一）　自主的に働ける時間を確保しよう

法人化後、大学は業務の増加と人件費削減のもとに、さまざまな工夫を凝らして対応をしてきた。今必要なことは、課せられた業務をこなすだけでなく、職員が自由に考え行動できる時間を生み出し、勤務時間のメリハリをつけることである。そんなことは無理と頭から否定するのではなく、知恵を絞りだしてほしい。時間があればやれるということではなく、やりたいことがあるので時間をつくるということである。直面する問題は、職員が日常こなさなければならない業務が多すぎることである。ルーチンの業務はもっと単純化するか、支障がない限り思い切ってカットする。場合によっては手抜きと思われるぐらいの工夫があってもよいのではないか。もちろん業務によっては、外注もあるだろうし、他大学と連携した取り組みも検討すべきであろう。

グーグル社は就業時間の20％は好きなことに使える「20％ルール」があるそうだが、これに倣うなら、与えられたトップダウン的な業務に8割を、自分で考え、行動できるボトムアップ的な業務に2割の時間を充てることを目安にしたらと考える。ボトムアップの時間はあくまで自主的に過ごせる時間であるが、といって、自分勝手に過ごすことではない。大学の目標に向かって、自分がやりたいこと、自分が何をなすべきか考えての業務である。

そのためには、何が課題になっているかに気づくことである。もちろん、大学にとって意義がなければならないが、この課題なら楽しく取り組めそうだという視点も大切である。日常の忙しさもあって、余計なことを考える余裕はないかもしれないが、考えてみれば、普段の業務の他に重要なものに気づくかもしれない。また、自分の職場を離れ、校内を観察すると、新たな気づきに出くわすことがあるかもしれない。学生や教員に話しかけてみることも大切である。職員の多くは地元出身であることから、学外の各地に赴き、地域の意見やニーズを把握することで、教育や研究につながるものが見つかるかもしれない。さらに、関連する会議や委員会などにオブザーバーとして参加したり、授業に参加することがあっても良い。

こうして課題に気づけば、気軽に話せる人に持ち掛け、一緒に検討し、新たなアイデアや改善点としてまとめ、上司や関係理事に報告し広く共有したい。職員一人ひとりの小さな取り組みが、大学本来の業務である教育研究をより豊かに支えることにつながるはずである。

(二)　職場を活性化する評価

大学をとりまく諸状況から、多忙化はある程度避けられないのが現実かもしれないが、それでも多忙感に陥らないよう、どのような働き方をするのかが重要である。職場にとって大切なことは、目指す方向が共有され、その中で、各自が誇りをもって働いていると実感できることである。

普段にＯＪＴ（On-the-Job Training）ができるためには、失敗を語り合えるような、気軽に会話のできる場であってほしい。そこから新たな改善の芽が出る。特に、自分のやりたい業務とか関心の高い業務であれば、他の人より積極的に取り組んでみることである。もちろん関心は自分のやる仕事だけではなく、常に広い視野を持つことが必要である。

そのためには、お互いに話し合ったり、相談し合える友を持つことである。初めは少なくても、志の高い同士であれば、実のある意見交換はできる。そして、その輪を広げることである。それには、自分の身の回りの人だけでなく、他の部・課、あるいは、学外の人でもよい。できたら、年令や肩書といった上下関係は捨て、お互いに相手を尊重しながらも対等の関係でありたい。

職員は、ルーチン的な仕事を確実にこなせるとか、企画力とか問題解決能力に長けているとか、考えることが好き、意見を引き出す能力があるとか、その資質は多様である。いま、大学は「強み・特色」をふまえた機能強化を図ることが大切と言われる。それと同様、職員一人ひとりの個性としての「強み・特色」も大切である。職員の多様性が発揮でき、個々の職員の弱点は全体で補いながら、チームとしての強みを発揮し、職場のレベルアップを図りたい。その方が、仕事も創造的に取り組め、元気も出るのではないか。

ほとんどの国立大学では職員の評価が行われ、その評価方法にはさまざまな工夫がなされている。評価はそれを通して職場の活性化につながるためである。職員個々の能力は多様である。多様性は、同じ基準で比較したり、特定の物差しで順位をつけるような評価にはなじまない。個々の能力の優れた部分をどう把握し、さらに伸ばせるかが重要である。だとすれば、職員の欠点を見つけることより、どのような強みを持っているかに重点を置くべきであろう。職場の活性化は、職員本人だけでなく、人事配置の良し悪しによることも大きいからである。

これからの課題は、仕事に合わせて働くというより、その職員の個性と能力を最大限に発揮できるような働き方に変えることである。そのためにも、職員の個性を伸ばし、それを尊重する職場でありたい。

(三) 教育研究とのかかわりを見直す

かつての国立大学は、学部の独立性が強く、学部運営を支えるため多くの職員が所属していた。やがて、事務組織の改組の中で、経理や学務が本部事務局に統合され、学部の職員は総務としてごく限られた人数で学部運営を支えている。こうした流れを反映して、普段、教員と職員とが係わる機会は少なくなった。教育研究の現場とそれを担う教員は学部が舞台である。その意味で現状は、職員が教育研究の現場から遠ざかったともいえる。

大学の場合、職員の関わる業務を、大きく分けると、経営と教学に関するものが中心である。ところが、法人化後、職員の業務は「大学の目標の達成に向け、大学運営の一翼を担う機能をより一層発揮できるように」と言われ、傾向的には経営に関する業務が増え、職員の意識も多くが経営サイドに傾き、教育研究に関しても、管理的な側面になっている。このことから、一般に、法人化前の事務職員は文科省を向き、法人化後は法人（経営）を向いて仕事をしているとも言えよう。経営的感覚は大切だが、肝心なことは、大学の本務である教育研究の発展である。

では、教育研究と直接関わる事務職員の業務とは何であろうか。学部等に属する事務職員はもちろん、全学的には、学生に接する機会が多い学務関係の業務であろう。ここでも業務の中心は管理的なものであるが、日常的には、学生に接し、彼らの姿を見ているのは教員より学務系の職員の方であろう。学生の成長は授業を通した教育だけではない。学生と接する中で得られるさまざまな情報をもっている職員の役割は大きい。職員は単なる事務職ではなく、学生の成長に関わっているとの自覚で、積極的にその役割を果たすことが期待される。

（四）職員の専門性を活かそう

すでに述べたように、職員に対する期待が、学長や役員を補佐するだけでなく、教育研究の支援という位置づけの中で、職員の資質の向上や専門性が問題となってくる。大学職員の専門性への対応には、専門性に富んだ職員を採用することと現職員のキャリアアップがある。新規採用の場合は教育職として採用している場合も多くあるが、それを容易にするには、従来の教授・准教授の資格にのみ重きを置くのではなく、専門職員としての資格もそれに含めることが必要であろう。

専門職員を事務職として採用する場合、人事の硬直化を招く恐れやキャリアパスの問題があり、大規模大学なら可能かもしれないが、中小規模の大学では難しさがある。考えられる一つが、いわゆるクロスアポイントメント的な形態で複数の大学に勤めることを可能とするかどうかの検討である。

専門性をどう考えるかにもよるが、まずは、職員の養成を考えるのが現実的であろう。もちろん高い専門性は、養成すれば誰でも成れるものでもない。学習や研修の機会を活用して専門性を磨く、意欲のある職員でなければならない。また、そうした職員が互いに磨き合うためには大学を越えた交流の場も大切である。

しかし、程度の差はあるものの、職員は誰でも、専門性（強み）を身に付けることは望ましいし、それが可能な職場の雰囲気が必要である。また、人事異動も機械的に行うのでなく、職員の希望や資質・能力を活かすと共に、専門性を伸ばすような配慮も必要である。

人事管理の観点から、職員がもっている専門性を活かせない部署に異動させることもありうるかもしれない。異動のリスクの一つには、専門性を身に付ける動機の低下がある。どの部署に異動しても、身に付けた専門性が発揮できるためには、それぞれの職場の業務を、事務分掌の範囲内に限定しないことである。必要に応じて、部署を越えた連携のあり方を考え、専門性が発揮できる場を広げることも必要になる。

専門性は画一的なものでもなく、それぞれの大学によってもさまざまであろう。そうした多様性と柔軟性の視点をもつことが、結果として専門性を伸ばすことにも通じるはずである。

coffee break

アカデミアの憂鬱

私の大学での研究は一九九六年から始まり、二〇〇一年に個人グループを立ち上げ、二〇〇九年には全体グループの総責任者となった。一貫してレニン・アンジオテンシン系と動脈硬化に関する基礎研究および心血管リスクを明らかにする臨床研究を行ってきたが、この間アカデミアを取り巻く環境は大きく変化してきた。初期のころは〝ひも付き研究費〟もあまり多くなく、奨学寄付金も気兼ねなく使える時代であった。夢を追いかけるような研究がいくつも走っており、New England Journal of Medicine, Nature, Circulation などの科学誌に、数多くの成果を輩出していた。国立大学の法人化後は、研究費の比重が文科省の科研費や厚労科研、AMED、NEDO、総務省の競争的資金など数多くの外部資金に移っていった。これら競争的資金の多くは三年程度での成果を求められ、またそれらの獲得には、関連する業績が前提になることが多い。しかも、高額な外部資金を得ようとすると科研費以外は、関係機関からかなり限定されたテーマに沿った研究が要求される。そのため、以前のような自由な発想で夢を追いかける研究がやりにくくなった。こうした競争的資金が、アカデミアの研究に向けた、国や関係省庁による巧妙なコントロールの〝手段〟となっている。

高い研究実績だけでなく時流に乗った研究が資金獲得の最も早い近道とされ、iPS、再生医療、自然免疫、オートファジー、免疫チェックポイント療法といったノーベル賞級のテーマや腸内細菌叢、AI・IoTといった流行りのテーマに蟻が群がるように、学会発表が集中し競争的資金への応募が急増している。もちろん、そうした分野の研究に真摯に取り組み、地道に続けている研究者も多くいるが、〝雨後の筍〟のような集団が目立ち、競争的資金獲得のための実績作りでメイキング（捏造）に走ったり、〝流行りのテーマ〟を追ってテーマをコロコロ変え、研究に一貫性がなくなっている。このような後追い研究からは決してノーベル賞は生まれないし、地に足の付いた基礎研究は育たない。近年、日本の基礎研究は韓国や中国にも抜かれ、いまやアジアの後進国となってしまった。新しい研修医制度や専門医制度がこれに拍車をかけていると言われているが、法人化後の研究費の在り方が大きな影響を与えていることは確かである。

私たちは、現実には一〇年、二〇年を見据えた大きな柱の研究を地道に続けながらも、つまみ食いするように流行りのテーマにも取り組み、必要な研究資金の獲得に努めていかなければならない。かつて、国立大学法人化をめぐる議論の中で指摘され噴き出た懸念が、いままさに現実のものとなり、アカデミアの〝憂鬱〟となっている。これ以上の研究環境の悪化は許されない、というのが大学現場の切実な思いである。

（大石　充）

第六章　誰にとっての自主・自律か

法人化の第一の目的は、大学の自主性・自律性と裁量・自由度の拡大にあったはずである。文科省は、学長等会議の席でも国会審議の過程でも、それを呪文のように繰り返していたものである。

しかし現実は、大学改革と称して、国から次々と財政・政策誘導をまじえたさまざまな課題が提示され、大学はそれへの対応に追われるまま、本来の自主・自律的な改革と運営が損なわれている状況にある。いま、多くの大学は「改革疲れ」でゆとりを失い疲弊が広がっている。

そもそも改革は、日々の改善を積み重ね、地に足のついた主体的な取り組みによって、はじめて功を奏するものであろう。上から与えられた、一律の政策課題や財政誘導に従った受身の改革は、結局、組織の活力と発展の可能性を殺ぐだけである。押し付けられた改革は、組織の持続可能なエネルギーの創出にはつながらない。「国力の源泉」ともいうべき、大学の研究・教育力を衰退させる愚は避けなければならない。

一　文科省の誤算

(一)　法人化は文科省の自主・自律

法人化前の国立大学は国の機関として、確かに制度上さまざまな制約があった。この制約は大学に課せられたと同時に、文科省（当時文部省）にも課せられたものである。国立大学制度の下では、大学から要求があったとき、これに対応するのが文科省の役割で、大学に政策を示すようなことは、教員養成などを除いて「自制」されていた。その意味では、大学の自治に対する理解が根底にあったのかと思う。しかし、他方では、こうした制約から解き放されたいとの思いが文科省にあったとしても不思議ではない。

文科省は、こうした制約を乗り越えるには、国立大学が法人格を持つことも悪くはないと思いつつも、当初、法人化に反対したのは、この方式を大学に適用するにはあまりにも非現実的だとの判断があったためであろう。ところが、ある時期から、行財政改革の流れの中で、独立行政法人とは違う「国立大学法人」の道を模索し始めた。このあたりの事情は、すでに前著でふれた。

法人化の一番の売りは「大学の自主・自律性」であった。この自主・自律性は、大学にとっては国からの自主・自律であったが、文科省にとっては、当時の大蔵省からの自主・自律でもあった。そこで、文科省は、独法制度に特例措置を設ければ、法人化しても、大学の自主・自律性を損なうことなく、文科省もこれまでより、より自律的に大学行政にかかわれることに気づいたのではと思う。今にして思えば、このことは、教員養成に関する「あり方懇」の発足（二〇〇〇年八月）前の二月に、大学課長と懇談した時に出た話に通じる。課長は以前、筆者が幹事役を務めていた国大協の国立大学財政問題検討会で知り合い、大学の事情にも詳しかった。懇談の席で、同伴の中堅職員は、「文科省は大学の要求を取りまとめるだけで、文科省としての考えはないのか」と大蔵省からいわれるとつぶやきながら、何とかしたいという気持ちが溢れていた。

法人化後であったが、当時Ｔ大学の理事に合う機会があったので、「なぜこのような制度の法人化になったのか」と尋ねたことがある。尋ねたのは、法人化前に開かれた国立大学財務・経営センターのシンポジウムで、法人化についての筆者の発言に対して、文科省らしくない助言をされ、それが強く印象に残っていたからである。理事は、「もっと弾力的なものと考えていたが、（法案の具体的検討を担う）若手が張り切りすぎて、堅いものになった」と語っていたことを思い出す。この話と、大蔵省の職員が、文科省を挑発した話と、つじつまが合う。文科省としても国立大学に対して、もっと政策的に関与できる立場に立ちたいとの願望があったと思う。

しかし、法の建前から、曲がりなりにも「大学の自主性・自律性」は尊重しなければならない。国立大学法人化直後は、いくら大学のためといっても、文科省として大学に目立った関与は控えたい。その代わり文科省が力を入れたのは、財政誘導という手段で、さまざまな競争的資金を活用し、大学を動かすことである。また、中期目標・計画や国立大学法人評価委員会を介すれば、大学に対して主導的立場にたてる大義名分もあった。

ただ、こうした文科省の動きを鈍いとみたのか、政府が動き始めた。二〇〇七年六月に閣議決定「骨太方針２００７」では、教育の質の保証、運営費交付金の改革、大学の再編・統合、国際化、入学時期の弾力化などが挙げられている。この動きをさらに推し進めたのが、予算編成権を握る財務省である。一一年度予算案と引き換えに、大学改革を強力に推進することを文科省に取り付けた。こうした一連の動きは文科省にとっては、渡りに船だったのか、これを待つかのように、一二年六月の大学改革実行プラン、一三年の国立大学改革プランに続く、大学改革の嵐が吹き荒れた。

（二）　追い詰められる文科省

大学をめぐるこうした動きに、露骨に反応したのが財界である。もちろんそれまでも、大学に対して、さまざまな提言を行なってきたが、オイルショックに始まりリーマンショックに続く経済の低迷と国際競争の厳しい現実にあえいでいた財界が、大学のもつ知的資源の活用に強い関心を示したのは、ある意味では当然かもしれない。「法人化によって、国立大学は自主・自律を与えられ、自由度が高まったのに、改革は一向に進んでいない」と断じ、社会（財界）の要請という大義名分のもとに、経産省などを通して内閣府に働きかけ、内閣府は文科省を動かし、文科省は学長に働きかけることで、大学「改革」を促すという構図を作り上げたのである。

しかし、こうした動きは、文科省の自律した高等教育政策ではなく、財界をバックにした経産省や内閣府・官邸からのさまざまな要求とすり合わせざるをえなくなったことからきている。財務省からは一定の「自主・自律性」を得たはずの文科省が、今度は経産省―官邸ラインの新たな圧力に屈することになったのが現在の姿である。官僚機構の中での、文科省の伝統的な弱点なのかもしれない。

（三）　文科省の自律への道

本来、学問の自由が保障されている高等教育を所管する文科省は、時の政権の影響から独立していなければならない。文部行政が歪められたのは加計問題等に止まらず、高等教育全般にもみられることでもある。それを許した責任は、文科省頼りになった大学にもあるのかもしれない。

この間の経験から、財界は、経産省と官邸を動かすことで、大学を変え、取り込むことに自信をもつと、さらに高等教育政策への圧力を強めるようになった。それを受け入れなければならない文科省の姿を如実に示したのが、今回の中教審「グランドデザイン答申」であり、大学を取り巻く現在の諸状況である〈第一、二章参照〉。

第三章で述べたように、学生の教育の質向上のためと、さまざまな高等教育改革を進め、それが学生の自主性を損ねる結果となった。同様に、一連の大学改革やガバナンス強化の圧力が、その実質において大学の「自主・自律性」を奪うことになったのである。

こうした状況を打破するには、文科省に現場に立脚した政策をたてるよう期待せざるを得ない。筆者はかつて、文科省開催の学長等会議で「文科省のキャリア組は虎ノ門にこもるのではなく、大学に赴任し現場の実態と問題点を肌で感じ取ってほしい」と要望したことがある。いまでも、その考えは変わらない。

二〇一八年八月に、文科省の若手を中心に、「未来検討タスクフォース」が結成され、その検討結果をまとめた報告書が一二月に出された。そこには、文科省の組織風土の課題として「事実や客観的根拠に基づく十分な政策議論より権威ある者の意見を必要以上に尊重してきたこと」を挙げている。その反省もあり、政策的な意思決定の質を高める方策として、「現場との政策対話の実施」を挙げ、「政策の最前線は現場にあるとの認識の下、〈中略〉現場に赴き、その声に耳を傾けるとともに、率直かつ建設的な立場での政策対話を実施する」とし、その提言は、その後の「文部科学省創生実行計画（平成三一年三月二九日文科大臣決定）」に反映されている。こうした内容は、筆者らが常々主張していたことで、遅きに失したとはいえ、期待すると同時に、注意深く見守りたい。

文科省は大学に指示・指導する立場から、大学と共に高等教育を創っていくという真摯な姿勢に立ち返ることである。現場主義をいうのであれば、教育研究を担う人達と対等の立場に立ち、知恵を出し合うことから、真の改革が生まれる。そうした現場をしっかり踏まえることこそが、文科省自身の自主性・自律性に通じる政策となる。文科省は、自らの存在価値が問われていることを知らなければならない。

二　大学はどこまで自主性を持ちえるか

（一）大学の自主性とガバナンス政策

かつての国立大学は、大学設置基準の改正以降、大幅な規制緩和もあり、さまざまな取り組みが可能であった。当時、見直しや新たな試みは文科省からの指示というより、自主的にできる環境にあった。もちろん学内の抵抗や異論はあったが、説得に努め合意をとりつければ、実現できる時代であった。

法人化後、大学はさらに自主的に取り組めるようになったのであろうか。筆者の経験では、「渡し切り」の運営費交付金ということで、人件費や旅費・謝金といった枠の縛りがなくなったこと、学長の権限が少し強くなった程度で、法人化といっても、特に自由度が高まったと感じるほどのことはなかった。もともと、法人化前でも大学の判断で自由に取り組めていたからである。ところが、自由と思えた運営費交付金も年々削減され、その使途にも国からさまざまな注文がつけられ、評価の目がつきまとう窮屈さに変わった。

国立大学のガバナンスに問題があることは、さまざまな機会で指摘され、それに応えるべく法的な整備が進められてきた。しかし、その目的は、「ガバナンス改革」を通して学長の権限を強化し、学長のリーダーシップの下に、大学「改革」を進めることが期待されてのことである。とくに二〇一四年の学校教育法改正で、制度的には大学の「重要な事項を審議」し、決定する権限は、教授会から学長主導の役員会に移ることになった。こうして、学内的には、大学の「重要事項」の決定は、事実上学長に専決権が与えられ、外形上それが大学の意思で自律的に決められたものになる。そこでは、大学構成員の参加と合意は埒外に置かれている。しかも、その「決定」は、実質的にはさまざまな政策・財政誘導にからめて文科省がしつらえ、主導する「改革」メニューからの、選択の余地のない内容である。そうした「決定」の〈形式〉と〈実質〉の非対称を見極めなければならない。事実、近年、いくつかの大学で、再編・統合など大学組織の大改革で、強権的な、構成員の「合意なき決定」が広がっている。こうした流れは、文科省が学長を通して大学の教育研究をコントロールする体制の強化に他ならず、その意味で大学の「自主性・自律性」の、明らかな変質である。大学に対する国の統制は強まったとみなければならない。

ガバナンスにとって肝心なことは、あくまで、教育研究の発展につながるものでなければならず、その成否はまさにその点にかかっている。

国大協が二〇〇八年三月にまとめた、「国立大学の日指すべき方向―自主行動の指針―」には、「国立大学の法人化は、大学が附属機関として政府の指示によるのではなく、自らの判断と責任において、直接国民全体の期待と負託に応える責務を課したものであり、公共的な役割を放棄して財政的利益を追求するためのものではない」とし、大学の主体性と負うべき国民全体への責任を掲げ、大学の気概を示している。「指針」ではさらに、大学運営に関して、次のようにも述べている。

「大学における管理運営の目的は、あくまで大学の主業務である教育研究の活性化に資するためであり、組織の維持管理自体が目的であってはならない。これからの管理運営業務の目標は、教育研究支援や学生支援を充実させ、大学の本来業務の円滑な遂行に寄与することを主眼に置く必要がある」

当然といえば当然であるが、こうした大学の管理運営の理念が忘れがちになってはいないだろうか、今一度しっかり確認しておきたいものである。

（二）　国立大学の現状は自主的服従

さて、現今の大学改革の状況はどうであろうか。前著で言及したように、各大学はそれなりに努力を払い、懸命に取り組んでいることには間違いない。ただその多くは国の指示に従ったもので、「大学の自治に」に根ざした自主・自律の観点からみると十分とはいえない。現に進んでいるのは、文科省が指示する「改革プログラム」をいかに忠実・無難にこなすかである。

大学教育にもさまざまな試みがなされてきたが、第三章でふれたように、その効果が出ているようには思えない。研究にしても、基盤的経費の大幅な削減と研究時間の不足、若手研究者の不安定な雇用環境などで、厳しい状況に置かれ、改善の目処も立っていない。さらに、矢継ぎ早の「上からの改革」の中で、大学の自主性や自律性が大きく損なわれ、教育研究を担う現場の教職員は多忙化に駆り立てられ、意欲と活力を失い、自らの殻に閉じこもって、保身に努めているかのように見える。なにより気がかりな点である。それが法人化に直接起因するとは言えないまでも、競争原理の導入や、過度の「選択と集中」とが相まって、そうした事態に導いたということができよう。

大学は本来、国からの指示を待つまでもなく、自ら変わろうとする努力を惜しまないところに、「自治」の価値を求めていたはずである。それが、国からの、一方的な政策課題の指示に沿って、受身で「改革」を進めても、大学は達成感をもてず、絶えず追い込まれた状況のまま、立ちすくんでしまうだけである。その病巣は深いとみなければならない。

大学が自主性を持つためには、何かやらなければと考えるのではなく、まず何をやりたいかを考えることである。そのためには、視線を遠い未来に置き、自ら望ましい大学の姿を描くことである。それは、国の指示する先を見通して課題に挑戦することでもある。このことは誰も気づかないことに取り組まなければ自主性がないといっているのではない。そういう目で見ると、中教審答申で語られることや経済界の提言の中にも多くのヒントが隠れているはずである。国が指示するのは限られた範囲のものであり、それぞれ固有の歴史の中で培われてきた、大学がもつ特性や多様な条件に適った改革課題をカバーすることは不可能に近いからである。心すべきは、各大学の主体的な条件と期待されている役割を最大化しうる改革の、多様な可能性の存在である。

さしあたり、今回の中教審「将来構想答申」などから予想される国の動きをどう捉えたら良いのか考えてみたい。

(三) 経営と教学の分離に向けた動き

(1) 外部理事に何を期待するか

「グランドデザイン答申」が示す大きな方向の一つに、経営と教学の分離がある。それと関連して、一法人複数大学制や大学等連携推進法人とともに、高等教育の無償化と抱き合わせの、外部理事の複数化の問題や実務家教員の導入・配置がある。これらに関する問題点は、第一章及び第二章に詳しく述べた。そこでの重複を避け、ここでは、経営と教学における理事のあり方を中心に考えてみる。

外部理事は、あり態に言えば、財界からの常勤の経営理事を置くことで、財界からの経営参加を促す新たな動きでもある。今でも、財界からの人材を理事に充てている大学はあるが、その多くは非常勤で、常勤の理事はまれである。筆者が学長の時、企業のシンクタンクから財務理事を常勤で採用した。法人化すれば、従来の経理畑のような業務感覚では不十分と考えたからである。期待したことは、通常の経理業務以外に、学外資金の導入、経費節約、資産運用の適正化、施設活用、建物管理の状況や大学経営の観点にたった資産運用にあたってもらうなどであった。結果的には、期待通りに大いに働いてもらった。

これからの大学にとっては経営が重要であり、そのためには財界から人を得ることが大切との意見も多い。確かに経営トップの企業理念が大学の経営に生かされるのではないかと思えるものもたくさんあり、そこから学ぶことは少なくない。とはいえ大学の経営ができるとは限らない。

(2)大学は企業と違う

企業の立場は、決められた経営方針や目的にしたがって、営業活動をいかに合理的に進め、毎期の「利益」をいかに最大化するかである。しかし、大学本来の業務は教育研究を進めることであり、利益を目指すことではない。しかもそこには、定形化された王道はない。個々の構成員の、自由な発想に基づく教育研究の営みを大事にし、そこから出てくる成果を期待することである。その意味で、大学の営みは多様な可能性への挑戦であり、そこから生まれる成果への期待である。したがって、単純に目標をしぼるのではなく、多様性を尊重し、それぞれの可能性を踏まえて行われる、アンビバレントな営みの世界である。しかし、大学を取りまく今日の厳しい経営環境を前に、時には民間的手法の優れた面を導入することが必要かもしれない。その場合でも、企業と大学はそもそも存立の論理を異にすることをまず、理解しておくことである。かつて財界人は株式会社立大学を手掛けたことがあるが、そのことごとくが失敗に終わったことを思い起こしてほしい。大事なことは、教育研究の発展を第一義とする大学のミッションを十分理解し、よくわきまえた、優れた人材を産業界からいかにリクルートするかである。形だけの理事ではなく、大学に課せられたミッションを最大化すべく、しっかり働いてもらう場を、大学の責任で整えることである。

⑶理事に期待する役割

いま、理事に期待するのは、経営的な側面だけでなく、今日のガバナンス強化に伴って生じた「負の側面」への対応である。つまり、ガバナンス強化によって、教授会そのものが弱体化しただけでなく、教員が全体に委縮、孤立化し、より広い視点で考える積極性に乏しくなったと言われている。そうした状況の中で、教学と経営をつなぐ、より強力な仕組みとしての理事の役割を期待したい。必要なことは、理事が全学を俯瞰的に見たり比較できる立場で、現場の教員と経営をつなぎ、大学の課題や特色について教員集団の理解と一体感を促すことである。要は、経営と教学とのコミュニケーションを密にすることにあるが、それは、教授会に出席するといったことではなく、普段に研究室を訪問したり、教員との懇談の機会を持ったり、授業の参観をするなどにより、教員の優れた面や教員の生の声を掘り起こし、それを大学の経営に反映させることである。

(四) 多様な連携の勧め

⑴広く社会との連携

今後は、大学の教育研究を社会に開き、社会の理解をいかに得るかが重要な課題となろう。国が考えている社会は主として経済界だが、大学は本来の使命や期待されている役割に即して、主体的に社会の各層に広く開き、関わることである。具体的には、第三章の教育、第四章の研究について述べた。

一方、経営の観点からも社会と連携し、広く外部から意見を求める新たな仕組みを考えたらどうだろうか。その一つとして、すでに経営協議会が活用されているが、こうした既存の審議機関では限界がある。

著者はかつて、こうした社会との連携を目的に「宇都宮大学懇話会」を立ち上げたことがある。きっかけは、大学の応援団をつくろうという学外の声であったが、産業界を中心に一〇名の参加を得て、教育研究に限らず、大学の経営に関して貴重な助言や支援をいただいた。懇話会の運営には職員の負担を極力抑えるよう心がけ、あくまでも忌憚のない意見交換を重視した。

また、広く社会の理解を得るために広報活動が重視されている。大学を広く地域に開放し、その活動を伝えるには、社会との、情報のミスマッチをなくす必要がある。そのためには、相手がどのような情報に関心を持っているかをしっかり分析しなければならない。大切なことは、何を伝えたいかではなく、何が伝わったかである。

(2) 大学の連携・統合

いま、大学の連携・統合が重要な課題となっている。その背後に、経営と教学の分離の方向が指向されていることを念頭におかなければならない。こうした観点を含め、連携・統合については、第一章、第二章に詳しく論じた。

繰り返しになるが、大学の連携・統合にあたって大切なことは、大学が主体的に進めることは当然として、まずは大学間の連携をしっかり構築することである。国からの財政支援欲しさに安易に飛びつくのではなく、大学は何を目指そうとしているか、そこで何が問題になるかを分析し、連携・統合の「価値」を判断することである。そこから、さまざまな連携のあり方を見きわめ、大学の教育・研究力が総体として「底上げ」される連携・統合を目指すべきであろう。そうした意味で、各大学が自分達だけ良かれと取り組むのではなく、時には文科省も交え、高等教育全体の発展を視野に入れて考えたい。自己利益ばかりを考えるのは真の自主性ではない。

(3) 大学間のネットワークの強化

法人化で、とみに強調されたのは「大学間競争」であった。これが連携の大きな支障になったと考える。見直さなければならないのは競争ではなく、大学の本務たる教育研究と社会との連携を強化するための大学間のネットワークである。大学間連携の例として、前著で「国立大学地域交流ネットワーク」の考えや実践の経緯を述べた。法人化後2年で活動が終わったのは、ネットワークに参加した学長の判断によったとはいえ、国大協に安易に頼ろうとしたことに原因があったと反省している。

いま国が進めようとしているのは、自治体や経済界を含む地域連携プラットフォームと称するものである。それはそれで検討に値するが、地域の課題や産業界からの要望を、地域の大学だけで抱え込むのではなく、可能なかぎりその情報をオープンにすることである。それによって、大学間で互いに情報を交換し、それぞれの強みや特色を生かしながら、参加大学の総体として課題の解決に取り組むことである。それが地域の期待に沿った大学の在り方であり、参加大学共通の貴重な財産ともなる。こうした仕組みを通じて得られた経験・知見は、当然、教育や研究にも生かされるはずである。今はハードとしてのネットワークは格段に充実しており、技術的な困難さはない。現に、さまざまな形で大学間連携の事業が進んでいる。大学執行部は大学間の連携強化をさらに進めてほしいし、国大協もその役割を果たしてほしい。

三　教授会の活性化

（一）　教授会を生かす

(1) 自己規制からの脱却

二〇一四年に「学校教育法及び国立大学法人法」の一部改正に伴い、教授会の権限が大幅に限定された問題については、前著で詳しく論じ、以下のように結んだ。

「法改正によって、学部の自主・自律性が失われたと諦めることは、さらなる後退につながる。遅きに失すると嘆くのではなく、今一度「学問の自由は、これを保証する」とした憲法原理の重みを自覚することである。「自治」は与えられるものではなく、時代の流れの中で鍛え、内実を与えていくものであろう。自ら教育研究に磨きをかけ、その成果を教育・研究の場で全面的に展開し、磨き上げた知と透徹した判断をもって未来を展望し、互いに切磋琢磨して社会の豊かな発展に寄与することこそ、国民から託された大学の役割であり責任である」

権限が限られたと言っても、教育研究に関する責任がなくなるわけではない。だとすれば、教員が安心して教育研究に力を注げる環境と条件を整えるために、議論し意見を述べることまで禁じられたのではないことは明白である。そうした意味では、教授会の無力化を嘆くことではなく、教育研究のあるべき姿を省察し、しっかり論じてほしい。危惧すべきは、法令上の教授会権限の抑制ではなく、大学人自らの「内なる抑制」・自己規制マインドである。憲法第一二条では、「この憲法が国民に保障する自由及び権利は、国民の不断の努力によって、これを保持しなければならない」と謳っている。言論・表現の自由（第二一条）、学問の自由（第二三条）とともに、憲法が保証する普遍的な権利を保持するための努力を自ら投げ捨ててはならない。

(2)ミドルアップ・ダウン

ここにきて、「大学教育の質の向上」との関わりの中で新たに浮上してきた問題がある。「人生１００年時代構想会議」の「人づくり革命基本構想」（二〇一八年六月）で次のように述べている。

「社会の現実のニーズに対応したカリキュラム編成が行えるよう、外部の意見を反映する仕組みづくりが必要である。このため、社会の最前線で実務に当たる人材が教員となる場合は、少ない持ち時間であっても専任教員とすることができる仕組みを学部段階に導入することにより実務経験のある教員を増やし、教授会などの運営にも参画する」

これと同じ趣旨が、六月一五日に閣議決定の「経済財政運営と改革の基本方針２０１８（いわゆる「骨太方針２０１８」）の中に書き込まれている。いまや、財界だけでなく政府も含めて、大学における「学問の自由」の軽視、「大学の自治」への無理解が進んでいるように見える。この現実をしっかり押さえた上で、これを受け身で捉えるのではなく、教授会の在り方を見直す機会とし、プラスに転じさせるよう考えることが大切であろう。日々営まれる大学の教育研究に直接、責任を負う現場は学部・研究科であり、それを担う教員組織たる教授会である。

教授会が自主性を発揮するには、国から示されたものを鵜呑みにすることではなく、「大学の自治」の下に、自律的に振舞うことができるかどうかである。それは、真に教授会らしい見解を持てるかどうかでもある。そのためには、ボトムアップが必要だとの考えもあるが、問題は、自らボトム（現場）の意思を形成すること自体を難しくしていないかである。全員一致が容易な問題を扱うより、一致しない問題を粘り強く議論して意見を取りまとめ、意思形成を図ることができることこそ、教授会の見識であり、「大学の自治」の真骨頂である。硬直したトップダウンは論外として、言いっぱなしのボトムアップも無責任である。

最近、ミドルアップ・ダウンという声を聞くことがあるが、それが必要な気がする。そうしたミドルを形成する力が教授会の力になると思う。そのためには、学部長と教員の間にあって、学部長補佐といった、学部をリードする立場にある人達に頑張ってほしい。リーダーシップが必要なのは学長だけではない。上からの指示を待ってしか動けない人であってほしくないと切に願う。

⑶ 教授会の力

教授会の力を確信したのは、かつて監事を務め、現在経営協議会委員を通した次の様な体験である。

福島県は農業県であることから、以前から福島大学に農学系の教育研究組織を作ってほしいとの要望があった。ところが、二〇一一年三月の東日本大震災と原発事故の放射能により農業に大きなダメージを受けたことから、その復興の一翼として地元大学にぜひ農学系の学部を、という声が一段と強まった。当時筆者は監事を務めていたが、文系中心の規模の小さい大学で、スクラップできる経営資産も乏しく、農学関係の教員もほとんどいない。必要かもしれないが、全学の合意を得るには無理があると思っていたし、当時の学長の判断もそれに近かった。

しかしこの要望を受けて立ち上がったのは執行部ではなく、経済学類（学部）であった。学類長以外にも推進に力をかす有力教員もいたこともあり、新しく就任した学長も熱心に動いた。そうしたミドルのリーダーの熱意が全学教授会を動かし、教員のあり方を見直す中で教員ポストを拠出するなど、学部利害を超えた全学的な取り組みになった。一方広く自治体との連携と支援を受け、今年（二〇一九年）の四月に食農学類が発足することとなった。大学にとっては宿願達成であり、歴史的快挙である。

この時期、国立大学改革プラン（二〇一三年一一月）で打ち出された「ミッションの再定義」により、文科省の指示に沿って教育研究組織の再編が検討され、二〇一六年から一七年にかけ、各大学では、教育学部新課程等を核にした学部改組・新設が急速に進んだ。これとは全く異なった手法を選んだのが福島大学である。取り組みから発足まで長い年月を要したが、ミドルアップの力が学長のリーダーシップを引き出したともいえる。原発事故という特異な状況があったとはいえ、全学教授会の支援をとりつけ、自力で学部（新学類）を発足させたのである。困難にもひるまず努力した成果は今後の教育研究の発展につながるものと確信している。

（二）教授会のイノベーション

学校教育法には「教授会の組織には、准教授その他の職員を加えることができる」とある。教授会の構成は教授のみの場合もあるが、多くは、准教授や専任講師を加え、大学によっては助教等を含めるところもある。また、教授会は、その定めによって、代議員会、専門委員会等の議決をもって、教授会の議決とすることもできる。このように教授会の構成は研究科・学部等が自主的に決めることができる。こうした状況の中で、先に述べたように、「実務経験のある教員を増やし、教授会などの運営にも参画する」をどう考えるかである。

大学分科会制度・教育改革ワーキンググループでは、「実務家教員」の登用促進の観点で、そのあり方を検討している。しかし、これとは関係なく、ここでは、教育研究の発展の立場から、この機会に、実務家教員の登用に限ることなく、教授会をもっとオープンにすることで、その存在感を発揮させることを考えてみたい。

大学の主たる構成員は教員、職員及び学生である。こうした、大学の構成員に関わる事項を、教員のみで構成する教授会で審議する限界を考えてみる必要がある。例えば、さまざまな立場の人が参加した、開かれた教授会を自らの手で作り、これまでとは異なる新たな教授会を発想することはどうだろう。もちろん教授会にこだわる必要はない。教授会で審議する原案を議論し取りまとめる各種の委員会等をオープンにすることも考えられるかである。要は、実質において、教授会に参加する以上の意義が達せられるかどうかである。資格は教員と同等とするか意見が出せるオブザーバーかは、必要に応じて検討すればよい。肝心なことはいかに広く意見を受け入れる仕組みをつくれるかである。

事務職員が全学委員会等に委員として参加することは、すでに多くの大学で実施されているが、学部でも関連する職員に加わってもらうことはごく自然である。教授会への参加は実務家教員だけの問題ではない。議題によっては経営協議会の学外委員にも参加してもらうこともありえる。さらには学生の代表や、可能であれば、同窓会、財界、自治体からの参加も考えられる。こうした方々から、多様な意見を寄せてもらうだけでなく、支援者になってもらうことである。

要は、さまざまな立場からの多様な意見で会議自体を活性化させることである。このようなオープンな教授会でまとまった意見は、学部や教員の単なるエゴやわがままとは違った、より重みのあるものとして尊重されるのではなかろうか。これこそが、教授会のイノベーションであり、真に社会に開かれた「大学コミュニティー」の姿である。

こうした話は荒唐無稽なように聞こえるかもしれないが、筆者はかつて学部長の時、教授会の了承をとりつけ、学部の委員会に、委員として他学部の教員に参加してもらったこともある。また、学長の時は、全学委員会に、職員だけでなく、経営協議会の学外委員の方にも委員として加わってもらったことがある。その委員会の目的から考えて、その方がより効果的と考えたからである。ただ、どれだけの効果があったか証明はできないが、異なった立場からの意見を聞くことは実に楽しく有意義であった。と記憶している。

四　国大協の新たな役割――大学と連携した国大協へ――

法人化をめぐる国大協の対応については前著で詳しく言及したが、今考えると法人化前後の時点で、大学の意思結集の拠点として、しっかり足場を固めておくことが課題であった。

（一）　国大協の自主性・自律性

(1)方針の確立と共有の徹底

例えば一九九七年三月に国大協・理事会が「国立大学の在り方と使命に関する特別委員会」を設置し、六月に取りまとめた「行財政改革の課題と国立大学の在り方（報告）」において、「国立大学の設置形態を変更することは、大学本来の使命である高等教育・学術研究を崩壊させ、この国の将来を危うくすることにつながる」と表明した。その後、独法化の動きに対し、九九年九月の国大協臨時総会で、第一常置委員での検討結果をまとめた「国立大学と独立行政法人化問題について（中間報告）」を受けて、会長は、独法化問題については今後、それぞれの大学でこれを検討するよう要請した。問題は、各大学から寄せられた議論を踏まえて、「中間報告」をより明確な方針にまとめ上げる作業がなされず、結果として、国大協としての基本的な立ち位置が確立できなかったことである。後は、国の出方にずるずる受け身で対応する姿勢に終始した。

もし、この時点で、国大協の下に、法人化に対する「基本的な姿勢」が明確にされ、それが、国立大学全体の意思として共有されていたならば、その後の国の動きに対して一貫した対応ができたのではないかと思う。そうであれば、法案の国会審議の過程で大学の意思が表明でき、それを結節点に法案の修正がはかられ、最悪でも採決の段階で、大学として譲れない線が附帯決議に盛り込まれたら、法人化後もそれが、大学自らのものとして生かされる可能性があったと考える。もちろん、これは当時現役だった我々の責任でもあり、最大の反省点でもある。

(2)「自主行動の指針」の継承

法人化後、「大学改革実行プラン」（二〇一二年）や「国立大学改革プラン」（二〇一三年一一月）によって、国は「大学改革」に大きく踏み込んだが、その四年も前の二〇〇八年三月、国大協がまとめた「国立大学の目指すべき方向—自主行動の指針—」の中で、国立大学の役割と責任について次のように明確に述べている。

「高等教育は、学術研究、教育及び地域貢献を通じて、我が国及び人類社会の持続的発展に貢献する公共的な役割を持ち、政府が国立大学を設置・維持するのは、この公共性に由来している。国立大学の法人化は、大学が附属機関として政府の指示によるのではなく、自らの判断と責任において、直接国民全体の期待と負託に応える責務を課したものであり、公共的な役割を放棄して財政的利益を追求するためのものではない」

こうした国大協の毅然とした姿勢は、すでに過去のものとなったのだろうか。

さらに「指針」は、中期目標・計画についても、次のように、大学の自主性を明確に述べている。

「第一期の中期目標・中期計画の策定では、文部科学省からの例示『国立大学法人の中期目標・中期計画の項目等について』に大きく依存し、中期目標・中期計画に各大学の個性があまり鮮明に表れていないという問題がある。今後の事業計画では、再確認した歴史・分野・規模などの現状を踏まえた長期構想に基づき、各大学の個性を伸張する中期目標を策定するよう意識しなければならない」

国大協としては第一期の経験があるので、第二期の中期目標・計画は自分達の手で創ろうと呼びかけた。ただ残念なことに、「指針」で示した意見は、各大学の自主的な判断に委ねられるべきもので、今後の国立大学が目指すべき方向性を示しているわけではないとして、国大協のリーダーシップを放棄してしまったことである。

また「指針」はつづいて、国立大学の普遍的な役割として、世界レベルの競争に打ち勝つ「ナショナルセンター」としての役割と、地域の活性化に貢献する「リージョナルセンター」としての二つの役割を挙げた上で、すべての国立大学がこの二つの役割を担う必要はなく、大学の中の特色ある分野を生かして、一方の役割を担うこともありうるとしている。これは、その後の国立大学の機能別分化につながる、微妙な問題性を含んではいるが、この時点で、国に先がけ自主的に国立大学の在り方を提言していたことは確かである。

さらに「指針」では、「設置形態にとらわれない大学間の協力や連携・連合の推進」や「国立大学全体としても他の機関と相互に協力しながら、我が国の高等教育の発展に貢献すべきである」と重要な指摘をしていた。

問題は、こうした将来にわたる大学のあり方や連携・協働に係る提言が、国立大学全体の力になれなかったことである。その意味で、個々の大学の役割を大学に委ねるだけでなく、国大協として組織的に国に働きかけていたら、事態は現在と変わっていたかもしれない。今にして思えば、二〇〇八年の「指針」は国に先がけて、国立大学の在り方を問うていたにも拘らず、この「指針」が、その後も引き継がれ、国大協の基本的な考えとして根づかなかったのは残念である。やはり、「後悔先にたたず」である。

国大協はその後、一一年に「国立大学の機能強化—国民への約束—」を、一三年には『国立大学改革』の基本的考え方—国立大学の自主的・自律的な機能強化を目指して—」をまとめ、大学の自主性を掲げたが、この頃になると、国の動きが強まったこともあり、しだいに国の指示する枠内での〈自主性〉へと後退せざるをえなくなった。

結局は、文科省の政策提示に受け身で歩調を合わせ、後追い的に対応・要望するだけでは、国大協自体の自主性は後退するばかりである。文科省と対峙し、反論するところは厳しく反論し、必要な場合は積極的に対案を出すことである。また、国大協の論理が広く社会に対して説得力のあるものにするためには、単なる作文ではなく、教育研究の発展に向けた道筋を、それを裏づけるエビデンスとともに、国民に届けることである。

文科省は行政府として、国の意思・方針で動く構造になっている。一方大学は、教育研究を通じて社会に貢献する現場であり、立場と考えの違いは当然である。だが、国大協が拠るべき立場と、堅持すべき「自主性」のあり様は明らかである。今後なすべきことは、国大協の自主性を堅持し、文科省とも意思疎通を図って、互いの知恵を出し合い、提言を磨き上げることである。文科省の方針に合わすだけなら、国大協の役割を果したことにはならない。

（二）国大協への提言と期待

法人化後は各大学が「競争的環境」の中で翻弄され、文科省が打ち出す「改革」路線への対応に追われてきた。こうした中では、個別の大学で取り組めることには限界があり、国大協のもとに各大学が知恵と力を合わせることが大切になる。その意味で、国大協は加盟大学のナショナルセンターとしての性格と役割が期待されているはずである。

国大協の定款では、その目的を達成するための主要な事業として
・質の高い教育、学術研究及び社会貢献を推進するために必要な事業

・自主的政策立案、国の高等教育政策や学術研究政策等に関する政策提言のための調査研究

・国立大学法人の経営に関する支援

を挙げている。肝心なことは、こうした事業にどこまで取り組んでいるかである。法人化前に比べれば、いまや法人格をもった組織として、活動のポテンシャルとそこからの着実な実績には目覚ましいものがある。にも拘らず、加盟大学は、国大協を自ら拠るべき機関として、その持ち味を活かしきる一体感がないように見える。端的にいえば、大学にとって国大協は存在感が乏しいということであろうか。

二〇〇五年の暮れ、筆者が国大協を去るにあたり、実現を期待する内容を、「国大協活性化への提言」として会長宛に送ると同時に、各学長にも郵送したことがある。その内容のポイントは以下の四点であった。

①規模や性格等類似性のある大学同士で組織されるグループ別の場があれば、各グループが共通に抱えている経営や運営の課題、あるいは教育研究に関わる課題に関して充実した意見交換ができ、結果として国大協自体の活性化につながる。

②国立大学の抱えている課題に対して、文科省と真摯で緊密な意見交換の場を設けることで、より現実的で質の高い政策や企画が具体化されるのではないか。

③各大学が自主的に企画した中で、広く国立大学にとって効果的な事業があれば、国大協も連携し支援する。

④広報誌は、大学関係者のみならず広く国民に国立大学の存在意義をアピールするため、教育や研究の成果、地域社会の活性化につながる、各大学の活動を積極的に取り上げる。

この時は法人化一年半後で、まだ、国の関与や指示といった〈圧力〉をさほど感じられない時期であった。その後の国立大学を取り巻く厳しい状況の中で、いまは質量ともにかつてとは異なる役割が国大協に期待されているはずである。

その期待に応えるには、国大協は主体性の確立に向けて、自らの課題と役割について抜本的な見直しを図り、それと同時に、各大学はその構成員も含め、強力な支援を惜しまないことである。財政的にも、各大学が個々に経費をかけて取り組むより、国大協がまとめて取り組んだ方がはるかに効果的かつ効率的なはずである。

国大協の自立と、国大協と大学との連携強化の観点で、以下、具体的な提案をしたい。難しい事とは思うが、ぜひ検討し、可能なところから取り組んでほしい。国大協は、法人化前とは比べものにならない体制と、多くの有能な職員を有している。それだけに、職員は、託された職務の価値にふさわしい働きと達成感のもてる業務に向け、個々の力を発揮されるよう期待したい。

(1) 充実した審議へ

これは先の提言①に関連したもので、国立大学の機能分化が進んでいる現在は、より実現性がある。当時、筆者が総会などで主張したときの理由は、見かけ上の一体化では議論が深まらなかったからである。そのため、規模や性格等の類似性がある大学同士で組織されるグループ別の部会を提案した。その時は、国大協を分断するような発言は困るという対応だった。しかし、いまや国立大学は、「地域」、「全国」、「世界」と機能分化していることから、これに準じた3部会制を敷き、そこで、それぞれが抱える共通の課題について議論し、交流することが容易になったはずである。もちろん効果的な議論のためには、それを支えるさまざまな資料の作成など、今以上に業務が増える。そうした意味でも調査研究に係わる部門の強化が必要になろう。

各委員会も、国の方針に物申すというだけでなく、もっと国を動かすような視点をもってほしい。委員は国立大学関係者に限る必要はない。例えば、産業界、マスコミ、公私大や文科省関係者などの、多様な人の多様な知恵を集め、広く社会に開く姿勢で臨むことである。

(2) 文科省との連携強化

提言②に関係したことであるが、現在はかつてと比べ、もっと文科省との連携協力が必要になったと考える。幸いにも、文科省は、今年（二〇一九年）の三月「文部科学省創生実行計画」をまとめ、この中には、「現場に根差した政策立案機能の強化」を掲げている。また、「文部科学省職員の行動指針」には、「誠意と熱意を持ち、現場主義の政策を立案・実行する」とある。具体的には、六月に「国立大学改革方針」を発出し、その中で、「徹底した対話を通じて、国立大学の改革を支援していく」と述べている。ここでは、個別大学の「第三期後半の取組の加速と、第四期中期目標・中期計画の策定に向けた議論のキックオフ」を指しているが、ことは個別に閉じない大学共通の課題もある。それに取り組む現場を代表するのは、国大協である。

本来、文科省は、時の政権から距離をおくべきと考えるが、現実には、その時々の政府の政策に沿って、これを支える行政機関としての役割を担う形になっている。そうした関係にあるだけに、国大協は文科省の指示を待ったり、要望を出すだけでは、国大協の自主性・自律性は形骸化するばかりである。次節でも指摘するように、個別大学を超えた課題は山積している。国大協は、現場を担っている大学の代表として、文科省と対等な立場に立って積極的に対話し、教育研究の発展を促す真の改革に向け、国を動かすような役割を期待したい。

前著で、大学の教職員の実態を把握するための悉皆調査や長期的なグランドデザインの必要性について書いた。悉皆調査は組織としての大学ではなく、個々の教職員が置かれている実態や教育研究の実態を正確に把握し、国大協の政策に供するためである。もちろん多くの研究者の協力が必要であるが、その結果は各大学にとっても重要な基礎データになるだけに、調査項目にあたっては、大学の考えを聴取する必要もあろう。さらに、今後の政策に活かすことを考えれば、公私立大等だけでなく、文科省との連携も必要である。

国大協は二〇一八年一月に「高等教育における国立大学の将来像 最終まとめ」を公表し、一一月には中教審「グランドデザイン答申」が出された。そのいずれも将来を唱ってはいるが、現実の産業界や国の方針に制約され、高等教育の在るべき理想に向けた、持続可能なグランドデザインになってはいない。国大協は公私立大学や文科省と連携しながら、国民にも夢と説得力のあるグランドデザインを提起して欲しい。それこそ、国大協が本領を発揮できる場面である。

(3) 大学連携への取り組み

提言③は、〇一年に発足した国立大学地域交流ネットワークとの関連である。発足後毎年、全国規模のシンポジウムを開催してきた。世話役の筆者が学長を退く年のシンポジウムの折り、その後の運営等について話し合った。参加された学長の総意は、従来の大学主催の方式より、事業の内容と成果をさらに発展させるためにも、国大協が中心になって取り組むのがより適切ではないかとの結論だった。それを受け、国大協に申し入れたいきさつがある。

国大協は多くの提言等をまとめ、その中で、大学連携の強化を訴えているし、実際、多くの会員大学は地域との連携・交流に積極的に取り組んでいる。大学がもつ知的資源を共有し、地域活性化に貢献することが、逆に社会から国立大学に対する支援につながることになると考える。国大協は大学の連携を把握するだけでなく、その実態を分かり易く国民に伝え、国立大学の存在感と価値を示すことは、国大協として果たすべき大切な役割といえよう。

(4) 広報活動

国立大学はさまざまな活動をしているが、マスコミで報道されるのは地元に限られ、広く知られることは少ない。国大協の刊行物に広報誌『国立大学』があるが、必ずしも一般向けにはなっていない。

今後力を入れて欲しいことは、各大学が自主的に取り組んださまざまな事業の取り組みやその成功例である。例えば、地域連携で取り組みが進んでいる教育や研究、留学生の活動を含めたグローバルな実践、社会入学生の活躍等、テーマごとに集約し、国立大学の生き生きした姿を理解してもらえるような、一般向けの書籍として企画し出版することである。

(5) 調査研究力の充実

国大協の発言力が説得力をもつには、自前のデータと分析力をもつことである。その役割を担うものとして、国大協には政策研究所があり、国立大学に関する資料・情報の収集・整理及び調査など、政策提言に資する調査、研究等を行うことになっている。しかし、現状はスタッフも少なく、その活動には限界があるので、これからは調査研究機能を抜本的に強化する必要がある。

かつて、国立大学財務・経営センターは、国立大学法人等の財務及び経営に関する調査・研究を行い、さまざまなきめ細かい分析も行なっていた。センターの統合でその機能がなくなった今、それに代わる役割が国大協に期待される。もちろん、国大協単独でこうした機能を果たすのは困難なので、他機関とも連携し、活用できるものは活用しながら、国大協ならではの取り組みを期待したい。

また、大学に関するさまざまなデータが発表されているが、その多くが大学あるいは国立大学をひとまとめにしたデータである。個々の大学が、それを戦略的に活用するには、もっときめ細かなデータがほしい。

例えば、国立大学の経費や教員数の推移は、附属病院を含めると実態がわからなくなるし、競争的資金の獲得や、成果のアウトプットも大学の規模を無視したデータでは、実情が見えない。ものによっては、大学当たりではなく、教員当たりや学生当たりの数字を見なければ実情がわからないものもある。国立大学の課題、あるいは各大学の課題を明らかにするには、きめ細かなデータとその分析が必要である。

⑹大学相談窓口の開設

前著で、国立大学法人評価委員会が大学の活性化に貢献できるとしたら、その役割は評価ではなく、大学に対する助言であると述べたが、実現の可能性は低い。とすれば、国立大学の経営・改革等に関する助言や支援の役割を国大協は果たせないだろうか。その一つが「相談窓口」を設けることである。例えば、月一回、定期的に窓口を開き、大学からの相談を受けるなどである。相談員は、高等教育への理解と広い見識を持った人を期待したい。経済界、経営コンサルタント、学長ＯＢ、文科省（ＯＢも含め）等の中には、多くの有能な方がおられる。大学が相談したい課題にマッチした相談員であれば、課題解決に直接つながらなくても、貴重な助言を得ることができるのではなかろうか。

⑺学長ＯＢの活用

学長を退いても、それぞれの地域でさまざまな役割をもって活躍し、大学の状況についても関心をもち、気遣っている方も少なくないと思う。大学に関係深いケースでは、公・私立大学長や国立大学の監事・経営協議会委員の経験者もおられるだろうし、教育に関係する機関や行政組織で活躍している人も多いはずである。現役学長は目先の現実的課題に追われているが、ＯＢであれば、それぞれの経験を踏まえ、より広い視野で、遠慮なく発言できるであろう。年に一、二回の学長ＯＢの懇談会（一泊二日）を開くことも含め、さまざまな知恵を引き出せるのではないか。多くの方は、国立大学の厳しさを実感しているだけに、もちろん、手弁当で協力してくれるはずである。そんな〈ＯＢ力〉を利用しない手はない。

五　国立大学法人法を見直す

（一）法人化のどこが問題なのか

法人化後一五年を振り返ってみると、大学はその場しのぎとも思える改革政策に振り回されてきた。この間、法人化制度の何が良くて、どこに課題があるか、あるいは、大学自身の手で、法人化のメリットを生かす努力がどこまで自主的になされたのか、そうした振り返りの余裕もなかったように思う。いまなすべきことは、真に大学の自主性・自律性を発揮し、教育研究を担い、責任を負う国立大学に相応しい大学を目指して、国立大学法人法を見直すことではないか。それを欠いたままでは、未来に展望をもった大学改革は望めない。

見直しの第一は、すでに指摘されていることであるが、教育研究を担う大学にそぐわない独立行政法人通則法を準用した法人制度の仕組みにある。その核心部は、文科省が大学の業務運営に関する中期目標を「定め」、目標達成に向けた中期計画を「認可」し、それら目標・計画の達成状況と業務実績を国の機関（評価委員会）が「評価」して、その結果を運営費交付金など資源配分に反映させるという「目標管理システム」である。

(二)　中期目標は原則「届出制」に

中期目標の策定に関して、国立大学法人法第三〇条は、「文部科学大臣は、六年間において国立大学法人等が達成すべき業務運営に関する目標を中期目標として定め、これを当該国立大学法人等に示すとともに、公表しなければならない。これを変更したときも、同様とする」と定めている。その上で、第3号では「文部科学大臣は、中期目標を定め、またはこれを変更しようとするときは、あらかじめ、国立大学法人等の意見を聴き、当該意見に配慮するとともに、評価委員会の意見を聴かなければならない」としている。これは、一般に中期目標の策定と変更における、大学の意見に対する文科省の「配慮義務」とされている。

そのこともあって、中期目標は大学が原案を作成し、文科省が認可する形になっている。ところが、それまで経験がないこともあって、大学側が文科省に中期目標で掲げるべき項目など、書き方・見本を示すよう求めた経緯がある。第一期はそれとして、第二期に向けてはどう取り組むべきだったのだろうか。

国大協は、前述の「国立大学の目指すべき方向―自主行動の指針―」の中で、国立大学は、「自らの個性を発揮できる目標・計画を明示することが可能となった」としつつ、第一期の中期目標・計画の策定では、文科省が例示した中期目標・計画の項目等に大きく依存し、各大学の個性があまり鮮明に表れていないと指摘し、第二期に向けて、「自らの役割や機能について自律的に考え、大学自らの個性を際だたせることが必要である」と、大学の個性・特色を鮮明にする中期目標策定への期待を表明した。

中期目標・計画にあたって大学の自主性を掲げた点では、国大協の指摘は極めて当を得たものである。ところが、この指摘は、すでに述べたように大学に向けたものであって、文科省に向けたものになっていなかったため、結果的には中期目標・計画の「項目の見直し」には至らなかった。この「指針」が大学向けにとどまっていたことが悔やまれる。結局、中期目標の項目は第一期のパターンを引き継ぐどころか、国の方針のもと、ますます自主的な目標から遠ざかることになった。法に規定されている、文科大臣による「定め」が頭をもたげ、「配慮義務」が後退してきたのである。例えば第三期中期目標の策定にあたっては、大学の基本的な目標に「国立大学改革プラン」を全面に出し、新たな政策課題を踏まえた項目として、教育研究組織の見直し、グローバル化、イノベーション創出、ガバナンス機能強化、人事給与システム改革等が盛り込まれている。

こうした動きに対して、もう一度「指針」の原点に立ち返り、中期目標の項目を大学の自主性にまかせる働きかけの必要がある。具体的には、「教育研究の質の向上に関する目標」と「業務運営の改善及び効率化に関する目標」に関しては、大学自らの長期目標のもと、重点をしぼった目標に限定することで、自らが目指すべき方向と、その達成に向けた計画がより明確になる。

中間目標は「届出制」にすべきとの意見は、国会での法案審議の過程でもたびたび出されたことである。届出制にできない理由として、「法人の自己収入の目標を立てること並びに経費抑制の目標を立てる」といった、国の責任に関する部分が含まれていることが主な根拠とされている。そうであれば、文科省に提出し、認可を受ける中期目標は、予算に関わるものに限り、教育研究等に係るものは、認可でなく報告として扱うことでよいのではないか。

第三〇条2項では、中期目標に掲げるべき事項として、

一　教育研究の質の向上に関する事項

二　業務運営の改善及び効率化に関する事項

三　財務内容の改善に関する事項

四　教育及び研究並びに組織及び運営の状況について自ら行う点検及び評価並びに当該状況に係る情報の提供に関する事項
五　その他業務運営に関する重要事項

があるが、すくなくとも一と二は別枠で、「報告事項」として扱うべきである。この二つは、大学における教育研究の「自由」と、大学組織の「自治」的運営に帰すことだからである。

（三）　年度計画を複数年度化へ

年度計画の策定に関しては、国の単年度予算制度に合わせた、独立行政法人通則法準用の第三一条において、「中期計画に基づき、文部科学省令で定めるところにより、その事業年度の業務運営に関する計画（年度計画）を定め、これを文部科学大臣に届け出る」とあり、国立大学法人法施行規則で、「年度計画には、中期計画に定めた事項に関し、当該事業年度において実施すべき事項を記載しなければならない」としている。

本来、国立大学法人の業務は、六年間の中期目標期間の目標に応じて策定された中期計画の進行状況を把握するはずのものだが、現実には、年度計画ごとに達成度が評価されることもあり、単年度で達成する目先の計画に重点が置かれるため、中期計画そのものが、細切れにされた年度計画の寄せ集めになってしまっている。

こうして、大学は毎年「年度計画」を作成し、年度末には「業務実績報告書」を国立大学法人評価委員会に提出し、評価を受けなければならないことになる。それにあわせて、財務諸表や事業報告書等さまざまな書類も作成しなければならい。法人化に伴う多忙化の大きな要因の一つが、このように毎年行わなければならない年度計画に伴う一連の作業である。負担が大きい割には、得られる効果が乏しいことから、前著で、以下のように提案した。

「単年度計画の弊害は、目先の実現しやすい事項に重点が置かれる点にもあらわれる。計画が複数年度にまたがることで、短期では立てにくい、より高いレベルで目配りのきいた計画に取り組むことができるので、実現した時の達成感も高く、次につなげる活力ともなる。

またこの間、運営費交付金も安定的に確保・運用でき、年度繰り越しも自由となれば、より長期的視点に立った効果的な運営が期待できる。『労多くして、益少ない』作業は、能うるかぎり避けることであり、それこそが効率的な業務運営である」

複数年度といっても、中期目標期間（六年）の四年目終了時の評価を考慮すれば、現実的には二年になるが、それでも事務量は半減する。

運営費交付金については後述するように、国大協が二〇一八年八月二四日付で林文科大臣に提出した「要望書」がある。そこには、「中期目標期間においては『渡し切り』の運営費交付金を安定的に確保する」ことが含まれている。本来、運営費交付金は、六年間の中期目標期間にわたって、大学の裁量によって運用できる財源であったはずである。これが「渡し切り」の意味であろう。これが文字通り実現すれば、年度計画そのもののあり方を大きく変更せざるをえなくなり、より事務量の大幅な負担軽減が期待される。大学業務も長期的視点に立った効果的な運営が可能となり、事務量の削減以上の効果も期待される。

（四）評価のどこが問題か

(1)評価の目的は果たせているのか

評価の目的は、「大学における教育研究活動の改善に資するため」と「社会への説明責任」であるとされている。

問題は、現行の評価のあり方がこの目的に沿っているのかである。

現在、国立大学は、自己点検評価（外部評価を含む）、認証評価と併せ、国立大学法人評価とさまざまな「評価」が義務付けられている。こうした状況に対して、国大協は『国立大学改革』の基本的考え方について―国立大学の自主的・自律的な機能強化を目指して―」（二〇一三年五月）の中で次のように指摘している。

「大学評価制度は、国立大学が自らの説明責任を果たすとともに、教育研究活動や大学運営の改善を進める上で重要な役割を果たしていた。一方で、必要以上に詳細で画一的な目標・評価手法によって、目標・評価活動が自己目的化し、大学の教育研究活動に支障が生じ、大学運営の改善に必ずしも有効に活用されず、さらに国民にも大学の実態を十分に伝えられていない等の課題がある」

まさに、こうした実態が常態化し、それが「評価疲れ」につながっている。そこで、評価システムの見直しに関して、先の「基本的考え方について」の中で次のように指摘している。

「各評価制度の意義・目的を踏まえつつ、独立行政法人とは異なる大学における教育研究活動の特性に十分配慮し、大学の個性伸長・機能強化に真に資するものであるべきである。同時に、大学関係者をはじめ国民に『見える』ものとなるよう、認証評価との関係を含め目標・評価システムを評価機関等と協議、連携して見直すべきである」

この指摘は真っ当である。しかし、それからさらに6年近くが経過しているが、残念ながら、この声は国には届かず、さしたる進展はみられないまま現在に至っている。

(2)評価のための評価が大学をダメにする

ではどこをどう改めればよいのだろうか。さまざまな視点で総合的に検討すべき課題ではあるが、ここでは、さしあたって業務評価のあり方に限って、以下の提起を試みることとする。

国立大学法人法によれば、「中期目標」は「達成すべき業務運営に関する目標」であり、「中期計画」は「中期目標を達成するための計画」となっている。したがって評価は、業務が計画通り達成されたかどうかの「達成度評価」になっている。これに関しては前著で次のように述べた。

「中期目標は、大学の特性が教育研究にあることから、高い目標を掲げることができるようにすべきである。その上で、中期目標に係る評価を「達成度評価」から「努力評価」に変えることである。より高い目標を掲げ、その実現に向けて自ら注いだ努力が真っ当に評価されることが、大学に相応しい評価だからである。必要な観点は、達成できなかった原因をどう分析し、次のステップにいかにつなげていくかである」

目標や計画は、あるべき大学の姿を描いて、その実現に向けて努力するというのが大学らしいあり方である。達成度評価であれば、達成できる目標や計画を立てることになる。そこにどれほどの意味があろうか。その反省もあって、第二期中期目標期間の途中から、部分的ではあるが高い目標を掲げてその実現への「努力評価」も行われるようになった。これを全面的に広げることである。

もう一つの問題は、評価のあり方である。大学にとって貴重な指摘は、達成されたどうかより、達成されなかったケースについて、他大学の優れた事例を参考に助言を得ることである。助言した内容に関しては、どうクリア（改善）され、前進したかを別途評価すればよい。助言にもかかわらず、改善がなされない場合は、なぜそうなのかの客観的な分析が必要であろう。評価委員会の目的はあくまでも大学の機能を強化するための適切な〈助言者〉であることが望ましい。評価結果を資源配分と結びつけ、大学コントロールの小道具にするなどは、いかにも姑息であり、浅慮である。

ところで、財界は、国立大学法人評価委員会の評価活動をどう見ているのであろうか。経団連は、先の「今後のわが国の大学改革のあり方に関する提言」（二〇一八年六月）の中で、「国立大学法人評価は、自らが定めた中期目標・計画の達成状況が中心で、評価基準が曖昧である他、相対的評価となっていない」と批判している。この批判は財界にとどまらない。国は、「骨太２０１８」で、「複数併存・重複する大学評価制度の関係の整理、効率化、客観的な指標に基づく、厳格な第三者による相対的かつメリハリのある評価への改善を図る」としている。そこにあるのは「競争原理」の発想である。

すべての国立大学が同じ目標を掲げているなら、明確な評価指標がありえるかもしれないし、相対評価も意味があるのかもしれない。しかし現実の大学はそれぞれ個性があり多様である。現に、国も財界も、大学は「強みと特色」を発揮すべきと言っていたではないか。大学によって、強みや特色が異なることを前提にすれば、その業務を共通の評価基準によって評価するのはそもそも自己矛盾ではなかろうか。何のための評価かをしっかり考えないと、今以上に、評価のための評価に振り回される。これでは、特色ある、個性が輝く大学にはなりえない。

六　運営費交付金の問題は削減だけではない

（一）運営交付金の本来の姿を求めて

国立大学法人法には運営費交付金そのものに関する記載はなく、資本金の措置に関する第七条二項の規定で「政府は、必要があると認めるときは、予算で定める金額の範囲内において、国立大学法人等に追加して出資することができる」とあるだけで、それも、「予算の範囲内」と極めてあいまいなものである。

そのため、国会の附帯決議では「法人化前の公費投入額を踏まえ、従来以上に各国立大学における教育研究が確実に実施されるに必要な所要額を確保するよう努めること」を求めている。しかし、現実には運営費交付金が毎年1％近く削減され、その結果、教育研究に及ぼした深刻な影響はすでに述べた通りである。

こうした状況に危機感をもった国大協は、昨年（二〇一八年）八月二四日に、「中期目標期間を安定的に運用できる評価及び運営費交付金制度の改善について」を取りまとめ、林文科大臣に次のように要望した。

「国立大学の運営費交付金制度については、本来、国立大学の持つ教育研究の特性に配慮し、6年間の中期目標期間において、各大学がそれぞれの経営戦略に基づき、学長のリーダーシップのもと、中期的な見通しを持って自律的に教育研究や社会貢献活動を推進することができるよう創設されたものであり、中期目標期間においては「渡し切り」の運営費交付金を安定的に確保し、6年間の成果を厳格に評価した上で、それを次期の中期目標期間の運営費交付金に反映することが基本的な在り方であると考えています」

この要望の中では、年度計画の問題にふれてはいないが、もし、この要望が実現すれば、先に述べた年度計画に伴う煩瑣な業務も含め、大学にとって無益に近い過剰な業務負担から解放されることになる。大学改革をいうなら、こうした改革を進め、大学が本来の教育研究に力を注げるよう、運営費交付金を安定的に措置することこそ本筋ではなかろうか。

(二)　財務省の新たな動き

運営費交付金をめぐる問題の一つは、基盤的経費たる運営費交付金から毎年一定割合を保留し、年度ごとの評価に基づいて、特定の戦略・目的等に関連付けた経費（例えば、第三期では機能強化促進経費）として再配分される仕組みが導入されていることである。

こうした「評価」にからめた不安定な財源措置は、法人化本来の目的である大学の自律的・戦略的な経営を困難にし、中長期的な視点に立った着実な改革を阻害するとともに、各種事業計画を中途で変更することも余儀なくされる。

にもかかわらず、財務省はこのような施策をさらに強化しようとしている。昨年（二〇一八年）一〇月、財政制度等審議会財政制度分科会では、毎年度の「教育・研究の質を評価する共通指標に基づいて配分する割合をまずは10％程度にまで高める」という新たな方向性を示した。

これに対して、国大協は「国立大学の経営基盤を一層不安定で脆弱なものとするとともに、中長期的な戦略に基づく積極的な改革の取組を困難にするだけでなく、財政基盤の弱い大学の存在自体を危うくし、ひいては我が国の高等教育及び科学技術・学術研究の体制全体の衰弱化さらには崩壊をもたらしかねない」と強く反対した。

しかし二〇一九年度予算では、度々ふれているように、従来の機能強化経費三〇〇億円に加えて、新たに七〇〇億円が運営費交付金から保留され、評価にしたがって再配分される、いわゆる「評価配分」の拡充が図られた。しかも、経団連は、前述の「Society5.0の実現に向けた『戦略』と『創発』への転換」の中で、創発的研究を促進する政策の一つとして、財務省提起の「評価に基づく配分」の拡大を、図入りで支持している。財・官の見事な〈連携〉ではある。それだけに留まらない。政府は、今後、この方向をさらに広げ、運営費交付金全体を「評価配分」の対象にすることを目論んでいる。そうした国の方針を徹底すべく仕組んだ評価基準を適用すれば、中期目標自体の意味もなくなる。

こうした動きは、財政措置をテコとした、あからさまな大学支配の強化であり、「角を矯めて牛を殺す」の愚という他はない。大学がこうした行政の理不尽な圧力と支配からいかに自主性を取り戻すか、大学の自治の真価が問われている。

トップ10％論文の落とし穴

研究力は一般に論文の産出力で言われる。しかし、論文は数だけでなく質が大切だともいわれるが、質の判断は難しい。そこで、引用される「被引用数」の多いものは「質」が高いとみなし、それが数値化されて使われる。論文に関する情報は、雑誌単位で22分野別に分類されている研究論文情報データベース「Web of Science」が用いられる。NISTEPによる分析には、各年この分野ごとに、被引用数が上位10％に入る論文を抽出した後、実数で論文数の10分の一となるように補正を加えた、「トップ10％補正論文数」が使われている。ただ、引用されていることは影響力（インパクト）があるとはいえても、資が高いと判断し、そのような論文の数だけで研究力を決めつけてよいのだろうか。

そもそも、この数値には問題点も少なくない。一つは数値そのものと、もう一つは誰が何の目的で使うのかという問題である。

「トップ10％補正論文数」が対象にしている分野は、主として自然科学で、人文・社会科学が含まれない場合が多い。また論文と言っても、オリジナル論文もあれば引用が極めて高いレビューもある。また知名度の高いジャーナルほど引用される機会が高い可能性も考えられる。その一方文系では重視されている著書等は対象から除かれている。引用が多いということは、その分野の研究者コミュニティーの規模が大きかったり、流行の研究である場合が多い。あまり関心がもたれていない研究分野の場合は、画期的な論文であっても引用は少ない。多くなるとしても、しばらく先のことである。さらに、専門領域によっては、論文数自体が少ないため引用も少なく22分野の中に埋没することもある。

こうした性格をもつ「トップ10％補正論文数」は、研究の立ち位置を知るには意味があろうが、それを評価の指標にし、しかも研究費の配分に利用するとなれば問題も大きい。例えば大学単位で比較しようとすれば、研究者の数が多い大学ほど有利になる。単に総数ではなく、博士課程を含む研究者当たりや研究経費当たり産出量という効率性で比較すれば、違った評価になるのではないか。

トップ10％論文評価は、学問領域の規模の大小だけでなく、人文・社会科学分野の成果が評価指標の外に置かれるため、軽視されかねない。これからの社会に立ちふさがる課題（例えば、国連SDGs）にどう立ち向かうか。そこでは人文・社会科学分野の貢献にも大きな期待がかかっている。また、研究者にとって研究は重要な役割だが、次代を担う後継者をどう育てるかも重要である。そうしたことに目をつむり、分かり易いだけの指標をもとにした評価にまかせてよいのか、疑問が残る。

（田原博人）

coffee break

補論

いま、教育を問い直す

いま教育は大きく変わろうとしている。ＡＩやビッグデータ、ＩｏＴなどデジタル機能を駆使する情報社会に生きる人間をどう育てるかの観点から、教育のあり方がかまびすしく論じられている。国は、大学教育は従来の学部を基盤にした学問をするところではなく、社会が必要とする資質・能力を身に付ける学位プログラムを中心に教育制度を見直そうとしている。高校以下の学びも、新しい時代に必要とされる資質・能力として、生きて働く知識・技能とともに、未知の状況にも対応できる思考力・判断力・表現力を、主体的・対話的で深い学び（アクティブ・ラーニング）を通じて育むとし、従来の「知識の習得」を中心とした学習から、「知識の活用」を目指す新「教育」・「学力」観が打ち出されている。

そこでの流れは、デジタル社会でグローバルに活躍できる人材の育成を目指す、機能主義的人材観であり、知に対する畏敬の念や人格としての人間教育は影を潜めている。大学教育を、小・中教育および高校教育とひとつながりと見たとき、次代を担う若者の知力や感性が、こうした「教育」・「学力」観で本当に育つのだろうか。人間の本性たる「学び」の在り様と実際について、筆者らの体験からいくつかの論点を提起してみたい。

Ⅰ 教育はこれでよいのか――知識を知恵に――

一 「知」の構築を目指して

教育基本法第七条には、次のように書かれている。

「大学は、学術の中心として、高い教養と専門的能力を培うとともに、深く真理を探究して新たな知見を創造し、これらの成果を広く社会に提供することにより、社会の発展に寄与するものとする。

2 大学については、自主性、自律性その他の大学における教育及び研究の特性が尊重されなければならない」

ところが、かつては「学問を学ぶ」場であった高等教育が、最近は「何を身に付けたか」といった観点が強調され、身に付ける方法論が教育改革の中心テーマになり、「高い教養と専門的能力を培う」ことの実像がかすんで見えなくなってきている。

この間、高等教育のあり方をめぐってさまざまな改革が試みられてきた。しかし、そこで目指している課題の解決を、大学の努力のみでどこまで可能なのだろうか。大学をめぐる社会の意識や要請も、初等・中等教育のあり方も、陰に陽に大学の教育に影響を及ぼしているからである。

(一) 「学び」への関心を失った社会

とくに大学教育をめぐる課題は、社会が大学に何を期待しているかと無関係ではない。大学に関する、いわゆる「世間的」な関心の多くは、偏差値の高い大学に入って安定した職に就くということであり、肝心の「何を学ぶか」の、学びの中身が抜け落ちている。大学は高校と連続した単なる通過点であり、大学は学問を学ぶ場であるとする捉え方が弱くなっている。そのことは、社会人の学士入学が他国と比べ各段に劣っていることでもうなずける。今回の中教審「グランドデザイン答申」（二〇一八年）が改めて強調したリカレント教育も、本来、人が学ぶことの意味と価値に照らして位置づける必要がある。学びが自らを豊かにすることであれば、年齢には関係ないはずである。「学問を学ぶ」という姿勢は、大学に限ったことではなく、大学以前から身に付けてほしい資質である。ところが現実の学びの多くは、入試に合格することを目指した、知識の詰め込み・暗記が中心で、本来の学びにはなっていない。その手の知識は、時間が過ぎれば忘れ去られる運命にある。

一方、マスコミを賑わしているのは、学校現場でのいじめ・校内暴力・不登校・モンスターペアレント・教員の多忙化など、児童生徒や保護者、教師をめぐる話題であり、子どもが何を学んでいるかの関心は薄い。またマスコミが好んで話題にするのは学力不足問題である。これとて学力とは何か、何が不足しているかではなく、時間数や教科書で扱う範囲の削減、あるいは学力の国際比較でのわずかな順位の上下動である。学習内容の削減が批判されていたが、詰め込みさえすればいいのかという問題もあるし、国際比較で順位が落ちたとはいえ、長期的には上位をほぼキープしていることも事実である。

（二）　知識を活かし生きた「知」へ

問題は、果たして、こうした表面上の現象だけなのであろうか。もっと別の所にあるような気がする。ピサの調査（二〇一五年）などの国際比較で、学習による自己肯定感や学習したことが将来役に立つのかという問いに、最下位近くを低迷していることの方が問題ではなかろうか。要するに、学ぶことの意義が自覚されないまま、年を重ね、その延長に大学での学びがあるということになる。

小学校から高校までに学ぶ知識は暗記が中心で、試験には役立つが、学ぶことへの動機付けが必ずしも十分でないこともあって、学んだことが定着していない。また知識を使って考えるという実感に乏しく、それが主体的な学びから遠ざけているのではないか。教える側も、学ばせる内容とか学びの方法については力を入れていても、未知の世界に対する知的好奇心や学ぶ過程で味わう知的興奮、学ぶことから得られた知的感動を実感させることが抜け落ちている。

知識は、単に暗記するものではなく、理解し行動に結びつけることで知恵がついたと実感できる。生きる上で大切な「何か」を手にしたと感じた時、知識が「生きて働く知」として実体化されるのではなかろうか。それこそが「知恵に結びつく教育」であり、「主体的・対話的で、深い学び」も、その意味で、教育の成果として実体化されてくると言えよう。

二　知識の教育から知恵の教育へ

(一)　中教審はどうみているか

学校教育法第三十条第二項には「基礎的な知識及び技能を習得させるとともに、これらを活用して課題を解決するために必要な思考力、判断力、表現力その他の能力をはぐくみ、主体的に学習に取り組む態度を養う」とある。これは、端的にいえば「知恵を育む」ということでもある。

違いがあるとすれば、学校教育法に則った学校教育は「基礎的な知識及び技能の習得」に力を入れるのに対して、知恵は課題解決に必要な「思考力、判断力、表現力その他の能力」により重きを置くことにある。ところが現実の教育は、ややもすると「基礎的な知識及び技能の習得」に重きがおかれ、「活用して課題を解決する」ことを疎かにしたことが、暗記中心の原因になっている。学んだことが、実際の生活に活かされないと言われるのも、そのあたりに原因があるのではないか。知恵の教育という観点に立てば、「基礎的な知識及び技能を習得」に重点をおくより、「思考力、判断力、表現力その他の能力」により力を入れるべきということになるが、こうした考えは特に目新しいことではない。

(1)「生きる力」につながるはずだった「ゆとり教育」

一九九六年七月の中教審答申「21世紀を展望した我が国の教育の在り方について（第一次答申）」では、

「これまでの知識の習得に偏りがちであった教育から、自ら学び、自ら考える力などの［生きる力］を育成する教育へとその基調を転換していくためには［ゆとり］のある教育課程を編成することが不可欠であり、教育内容の厳選を図る必要がある。（中略）厳選した教育内容、すなわち、基礎・基本については、一人一人が確実に身に付けるようにしなければならない」

としている。関連して、イギリスの哲学者ホワイトヘッドの「あまりに多くのことを教えることなかれ。しかし、教えるべきことは徹底的に教えるべし」を引き、「教育内容の厳選を、これからの学校の教育内容の改善に当たっての原則とすべきである」と続けている。

これを受けた一九九八年の中教審答申「学習指導要領」では、

「これからの学校教育においては、これまでの知識を一方的に教え込むことになりがちであった教育から、自ら学び自ら考える教育へと、その基調の転換を図り、子どもたちの個性を生かしながら、学び方や問題解決などの能力の育成を重視するとともに、実生活との関連を図った体験的な学習や問題解決的な学習にじっくりとゆとりをもって取り組むことが重要である」

と詰め込み教育から、いわゆる「ゆとり教育」への転換をうたった。

こうしてみると、「これからの教育の在り方」として考える「知恵に結びつく教育」の「知恵」とは、いわゆる「ゆとり教育」で掲げている「生きる力」の理念に近い。「ゆとり教育」については、「学力低下」につながるとの批判が噴出し、今は「脱ゆとり教育」がいわれている。必要なのは、「ゆとり教育」を改めて総括し、検証することである。

問題はどこにあるのか。まず、答申で「教育内容の厳選を図る」とした点を、単に教育内容の一部を削減しただけで、真に必要な基礎知識は何かの検討がおろそかになっていたことである。また「自ら学び自ら考える力の育成」を強化することを、単に探究型学習として捉えるだけで、それを基礎・基本の知識と一体的なものとして捉え、発展・探究する過程の中で基礎・基本がどう活かされていくのかと関連づけて考えなかったため、知識が「知恵」に結びつきにくくなったのではなかろうか。

(2)さまよえる「ゆとり教育」

確かに、学習指導要領では「実生活との関連を図った体験的な学習や問題解決的な学習にじっくりとゆとりをもって取り組むことが重要である」と指摘してはいるが、問題は週休五日制に合わせて、授業時間数を短縮した結果、重要な知恵につなげる学習を安易に学校外の活動に委ねたことにある。

改めて強調したいのは、限定された基礎・基本的知識を発展させるプロセスを通して、基礎・基本としての知識を徹底させると同時に、知識を生かした真の学びとしての「知恵」の獲得を目指すことである。そこから、知識が「考える知の力」の基礎になっていることを実感できるはずである。

この点に関して、二〇〇五年の中教審答申「新しい時代の義務教育を創造する」では、次のように述べている。

「基礎的な知識・技能の育成（いわゆる習得型の教育）と、自ら学び自ら考える力の育成（いわゆる探究型の教育）とは、対立的あるいは二者択一的にとらえるべきものではなく、この両方を総合的に育成することが必要である。

これからの社会においては、自ら考え、頭の中で総合化して判断し、表現し、行動できる力を備えた自立した社会人を育成することがますます重要となる。

したがって、基礎的な知識・技能を徹底して身に付けさせ、それを活用しながら自ら学び自ら考える力などの「確かな学力」を育成し「生きる力」をはぐくむという、基本的な考え方は、今後も引き続き重要である」

ここで、「習得型の教育」と「探求型の教育」とを総合的に捉えるとした点では、おおいに肯定できる。

ところが、この流れを踏まえながら、二〇〇八年一月の中教審答申「学習指導要領等の改善について」では、上記答申の主旨を、『知識基盤社会』の時代にあってますます重要になっているが、このような理解が現段階においても十分に共有されているとは言いがたい」とし、「知識・技能を活用する学習活動を充実させる観点から、国語、社会、算数及び理科の授業時数を増加する必要がある」として、強化されたのは「基礎的な知識・技能の育成」という面のみであった。「学力低下」の批判に応えざるを得なかったといえ、安易な妥協のようにも取れる。こうした行きつ戻りつの中で、いわゆる「脱ゆとり教育」の時代に入ったのである。揺れ動く教育行政によって常に影響を受けるのは、児童・生徒であることを忘れてはならない。

(二) 与える知識の厳選

まず「知恵」とは何かを整理しておく必要がある。広辞苑には「物事の理を悟り、適切に処理する能力」とあるが、ここでは、知識との違いに着目した方がわかり易い。知識は、何かから教わって知っているというだけで、それ自体が日常生活に役だつことは少ない。一方知恵は、知識を役立たせることで得られるもので、自ら考えたり、実践することで身につくものである。

知恵を育むためには、当然ながら知識が前提になる。そのためには、基本的な知識を学ぶ必要があるが、重要なことは、この知識をどう活用させながら知恵を獲得するかである。

厳選すべき「基礎的な知識・技能」が何を指すかについて、最近の中教審答申「学習指導要領の改訂」(二〇一七年)では、「個別の事実的な知識のみを指すものではなく、それらが相互に関連付けられ、さらに社会の中で生きて働く知識となるものを含むもの」としている。それでは、大人たちは、かつて教科書で学んだ内容を、現実生活の中で生かしているのだろうか。人にもよるが、知識の多くを忘れ去っていても、社会生活ではさほど不自由を感じていないのが現実であろう。与えられる基礎知識は多ければ暗記するだけで精いっぱいだが、厳選された基礎知識であれば、それをどう使うかを考える余裕もでき、知恵につながるとともに、自ら新たに知識を育むことが可能になる。与える知識は、本当に必要な基本的な知識に限られたものでよいということである。

同答申ではさらに、「子供たちが学ぶ過程の中で、新しい知識が、すでに持っている知識や経験と結び付けられることにより、各教科等における学習内容の本質的な理解に関わる主要な概念として習得され、そうした概念がさらに、社会生活において活用されるものとなることが重要である」とも述べている。真っ当な指摘である。

こうした、知恵につながる基本的な知識としては、現行の教科書の中から、知恵につながる原理的なものを残し、大幅に精選する必要がある。その一方で、今までは高度と考えられ、扱ってこなかったものでも、例えば、原子のような基本的な概念や原理に近いものは追加することも必要であろう。

重要なのは、こうした基本的な知識を、初めからしっかり理解させることにこだわらないことである。初めはあやふやな知識であっても、その知識を活用し知恵につなげる過程で、改めて曖昧な知識が確かなものになることが多いからである。それは、二〇一七年の中教審答申にある、「基礎的・基本的な知識を着実に習得しながら、既存の知識と関連付けたり組み合わせたりしていくことにより、学習内容（特に主要な概念に関するもの）の深い理解と、個別の知識の定着を図るとともに、社会におけるさまざまな場面で活用できる概念としていくことが重要となる」という指摘と重なる。

（三） 知恵の獲得と科学の学び ―理科教育の場合―

かつて教育学部で、理科教育に関する授業科目を担当したことがある。その時考えたのは、学校で学ぶ理科の学習は実生活で役に立つのだろうかということであった。当時は、「理科教育から科学教育への転換」が必要と考えたが、それはここでいう「知識の教育から知恵の教育へ」と同じともいえる。

多くの人が日常生活で出会う課題に取り組む際、解決すべき課題は必ずしも明確でないことが多い。また、それにどう取り組むかの方法もいろいろあり、どれが正しいのか、あるいはどうすればうまくいくか分からないことが多い。しかも、試みの多くはほとんど失敗する。ところが、学校における理科教育はそれとは対極にある。課題は教科書の中に与えられているし、結論（結果）も実験する前から分かっている（すくなくとも教師は）。課題解決のための道筋も前もって分かっているし、解決に必要な装置は準備され、課題解決にとって必要な情報も与えられる。実験も手順を体験するだけである。理科教育の目的を、科学的な見方や考え方を養うといいながら、それは単に形だけで、実質は科学研究の方法とは真逆になっている。

科学研究の世界は、日常の生活で出会う課題の解決に酷似している。例えば、研究においては、「課題は与えられている」のではなく課題の発見そのものが極めて重要で価値がある。当然ながら、「結論（予想）はわかっている」わけではない。実験は知られていないことを明らかにする手段である。そこでは、「装置は与えられている」のではなく、装置の工夫・開発自体が研究である。当然「課題解決の筋書きはできている」のではなく、筋書きのない道を切り拓くことであるし、「課題解決に必要な情報が与えられている」のではなく、多くの情報から必要な情報を選択することが必要となる。「結論はいつも正しい」のではなく、間違っていることもしばしばで、むしろ間違っていることの方が多い。

こうしたことから、理科教育の授業を担当しながら、理科教育から科学教育に変える必要があると考えていた。ではなぜ、現実の教育ではそうなっていないのであろうか。学校教育という限られた時間の中で、いろいろな知識を教えるには、基礎的な知識と言っても盛りだくさんである。そうすると、科学の方法を形式的に踏むだけが精いっぱいになる。科学研究の方法で理科の教育を進めるとなると、教師にはかなりの力量が必要だが、それには現実が追いつかないということもある。

(四) 知恵を育む教育

基礎知識を生かして解決を目指す課題は、身近で解決できそうな課題を設定することが基本であろう。ただ子どもにとって難しい課題であれば、それを解決することにこだわる必要はない。もちろん、達成するレベルを想定することは必要だが、子どもに興味・関心を持たせられるようなものであれば、あえて高度な課題への挑戦も必要である。例えば、戦争と平和、食糧・水問題、エネルギー、あるいは少子高齢社会といった、簡単に「解」を得がたい課題に挑戦することが、総合的、俯瞰的なものの見方・考え方に接する機会となる。

課題に挑戦する過程で、子どもはさまざまな知恵を獲得すると共に、新しい知識も獲得することになる。どのような知恵がつくのか、あるいはどの程度の知識を獲得するかの目安として、一定のレベルを設定することも必要だが、子どもによって、到達するレベルが異なるのは当然であろう。背伸びする子どもは、どんどん背伸びさせ、より高度の知恵と知識を獲得させればよい。

子どもの学びは、教えることより、自ら学び取ることで本物になると考え、子どもの主体性を尊重することである。そこでは失敗がつきものだが、むしろ、失敗を体験させる学習こそ歓迎すべきである。学びのプロセスの中で失敗に気づき、なぜ間違ったかをみつけ正していくプロセスが、知恵を得るには重要なポイントになるからである。

教育方法の基本は、いかに子どもの考えを引き出すかである。それを新学習指導要領は、「主体的・対話的で深い学び（アクティブ・ラーニング）」と称している。主体的といっても、できる子は主体的になれるかもしれないが、ついていけない子どもは、どのように授業に参画させるかが重要となる。それには、その子の発言にむやみに否定的に対応しないよう配慮することである。

対話は、子ども同士だけでなく、テーマによっては、いろんな社会人に参加してもらうことで豊かになる。また、知識がどのように形成されたのかを学ぶことも、ある面では他者との対話といえる。学びを通して「知恵」を獲得する方法は多様と考えた方がよい。

教師は教えるというより、子どもの発言をしっかり理解できることが大切である。教師に先入観があったり、「受信力」に欠けると、子どもの発言の重要性に気づかないことがある。教師は、単に教科書を教える能力から、さらに高いレベルの能力が要求される。しかし、それは容易なことではない。必要なのは、子どもから教わるという謙虚な姿勢である。あるいは子どもと共に成長するという余裕である。上から目線の教師より、この方が子どもの成長にとってははるかに優れた教師である。教育が「共育」とも言われる所以である。

三　教員養成を見直す

（一）　師範学校化される教員養成

(1)現場中心の教員養成でよいか

教員養成のあり方についての国の方針は、最近の中教審答申や有識者会議、さらには免許法の改訂を通して知ることができる。最近では、「国立教員養成大学・学部、大学院、附属学校の改革に関する有識者会議」の報告書・「教員需要の減少期における教員養成・研修機能の強化に向けて」（二〇一七年八月）がある。そこでは、教員養成大学・学部や大学院、および附属学校の課題と今後の在り方について論じている。教員養成に関しては、

「国立教員養成大学・学部は、教職課程コアカリキュラムや『校長及び教員としての資質の向上に関する指標』の内容に、地域や学校現場のニーズに対応した教育内容や、大学の自主性や独自性を発揮した教育内容を加え、体系性を持った教員養成カリキュラムを編成すること」

とあり、新たに教員養成カリキュラムを導入する必要性を説いている。そこでは、「大学の自主性や独自性を発揮した教育内容」とありながら、教職課程のコアカリキュラムは国が策定することを前提に、教科専門と教科教育の一体化の促進や教科横断的な教科指導法についての科目設置を含む、教員養成カリキュラムの改善を促すよう国に要望している。教育職員免許法との関係があるとしても、これでは、教員養成は国の管理下におかれることになりかねず、大学の自主性はどこに行ったのかということになる。

なぜこのようなことになったのであろうか。その根底には、現行の教員養成カリキュラムと学校現場が必要と考える資質・能力との間のギャップの存在がある。そのため、これからの教員養成大学・学部における教員養成カリキュラムは、「新学習指導要領に確実に対応したものに変わっていく必要がある」とし、「それを適切に指導できる大学教員の意識や体制、さらには適当な施設・設備の下での養成が求められる」と指摘している。

教科専門と教科教育の一体化が必要だとしている理由は、教科専門科目担当教員は自身の専門分野の研究を深める意識が強く、教員養成とのつながりが弱いとの指摘がある一方、教科教育法担当教員は教科内容を踏まえた

指導法の教育が必ずしも十分ではなく、お互いが協働して取り組む必要があると考えているからである。そのため、現場経験が十分でない教科専門科目を担当する教員には、さまざまな手段を講じて実践性を身に付けさせるよう取り組みを進めるとし、「子供の成長や発達との関連性」を持たせた「教科専門」に限定し、実践探究の場と学問探究の場の両方に軸足を置く大学教員の比率を段階的に高める必要があるとしている。しかし問題は、教科専門と教科教育の一体化や科目区分の大くくり化だけではない。実践探究も「新学習指導要領に確実に対応したもの」と枠をはめられたことで、教科専門の学びの範囲が狭められることにある。

教科専門の意義は、有識者会議が教員経験を対象にしたアンケートからも認められている。このアンケートの項目には「学部において学んだ内容は、実際に学校で勤務する上でどの程度活かされていますか」との問いがあり、「教科に関する専門的事項」と回答した割合が、「とても活かされている」と「少し活かされている」を合わせて68％もあり、教育実習の75％を除くと、他の項目を圧倒して現場で活かされている。

「有識者会議」が示す教員養成カリキュラムで養成された教員は、新学習指導要領を忠実に実践する上では責任を果たせるかもしれないが、その反面、視野が狭く教養の乏しい教員になりかねない。こうした教員が生徒にとって魅力的に映るであろうかはなはだ疑問である。

教員養成の質の向上をいうのであれば、それは総合的な知の力をもった、豊かな教養と優れた人格的素養に裏打ちされ資質、教職への強い使命感・責任感や、新たな場面に積極的に対応できる実践的な能力こそが必要である。そのためには、大学教育における一般教養と教科専門を通して、リベラルアーツとしての学問的裏付けをもった教科専門をしっかり身に付け、〈体幹〉の強い人間的素養をもった教員を育てることである。

(2) 生かすべきは教育学部の総合性

教育学部の特徴は、多くの学問分野にわたって幅広く学び、各分野の知識と技能を修得できる、多様性に富んでいるという点にある。教育学部が、いわゆる「総合学部」と呼ばれる所以である。しかし、こうした総合性は、学問の専門性からみると深まりに欠け、レベルの低い教育とみられ、しばしば他の学部より一段下にみられる傾向がある。

しかし、教育学部における「総合性」は、分野間の教育上の連携や教育体系の上でも他学部の狭い専門性を越えた優れた面をもちうるはずである。そのためにも、教育学部がもつ「総合性」の中に、教科を越えた、少子高齢化や人口減少、労働力問題など今日的解決を迫られる国内的課題はもとより、温暖化による異常気象や地震・津波、洪水などの自然災害、戦争と平和、食糧・水、エネルギー、格差と貧困など、地球と人類社会の持続可能な発展に関わる問題を扱う、教育体系へ向かう期待は高まるはずである。

これからは、それ自体総合性・関連性をもつ現実の諸課題を、地球市民の一人として自覚的に捉え、その解決に向けて行動することが必要な時代となる。そうした「スマートな市民」を育てる教員を養成することこそ、教育学部の新たな役割ではないかと考える。こうした教育体系のもとで養成された教員が義務教育を担ったとき、この国の知的、倫理的水準が引き上げられるに違いない。

現に、教科専門科目を担当する教員が専門に偏るとの批判がある。確かに、自分の専門分野の知識を教えるだけでは問題があるが、今は、そうした教員は必ずしも多くはない。むしろ、大切なことは、研究者として自らの専門を通して学術研究に大きく貢献することではないか。必要なことは専門を通して、学生に学問の面白さや、探究することの面白さを伝えることである。ウィリアム・ウォードの名言に「平凡な教師は言って聞かせる。よい教師は説明する。すぐれた教師は自らやってみせる。しかし最高の教師は子どもの心に火をつける」とある。

子どもの成長にとって役に立つのは、教科書による授業だけではない。

（二） 医学教育の経験から

筆者（田中）は、学長就任以来、八学部すべての教員や学生諸君と話し合う機会を持つよう心掛けた。学生食堂や学生との懇談会、入試会場などがその場であった。ある日、教育学部の女子学生と話す機会があり、話題がしばしば授業のこと、特に教育実習のことになった。学生は口々に、最も緊張するのは教育実習であり、しかも、ようやく教室の雰囲気にも子供たちとも慣れてきたのに、実習が終わるとそこでお別れをしなければならないのがとても残念だという。その時にはあまり気に留めなかったが、やがてこの問題の重要性に気がついた。教育実習は、子どもたちと学生との間に生まれる心の通い合いだからである。そのためには、時間が必要であることに思い至り、実習時間をもっと伸ばす必要があるのではないかと考えた。

一方医学部では、筆者が医学生のころ、卒業には六年間での一般教養と基礎医学、社会医学、臨床医学の習得が必要であったが、卒業前のほぼ一年間は、外来及び病棟の臨床実習に当てられた。この期間は、来るべきインターンを経て医師国家試験の難関を突破するための大きな自信を学生に与えるものであった。

その後、制度が変わって、医師として診療が可能になるには、六年間の医学教育を受けた後国家試験に合格し、臨床研修医として二年以上経験を積むこととなった。しかし、実際は、出身大学やその関連病院における専門の診療科で研修することが多くなって、地域医療と接する機会が少なくなり、以来、医師は「病気を診るが、人は診ない」と言われるようになった。また研修医の待遇が悪いため、アルバイトの必要性もあって、研修に専念できない状況にあった。そこで研修を必修化することで、研修に専念できるよう環境を整備し、さまざまな患者と接することで、プライマリケアの基本的な診療能力を修得するとともに、医師としての人格を磨くことになった。

それにならって、ある時、教育学部も六年制にし、学生実習を充実させる改革案の検討を教育学部長に提案した。しかし、その時は、学業期間の延長に伴う、授業料などの必要経費や教育研究の負担増などを理由に、賛同が得られなかった。しかし、この案は、実習時間を長くして学生に自信を与えるだけでなく、質の高い自覚的な教員の養成につながり、そこから社会的にも教師に対するリスペクトを回復することになるはずだと考えた。

この点に関して、二〇一五年一二月の中教審答申「これからの学校教育を担う教員の資質能力の向上について～学び合い、高め合う教員育成コミュニティの構築に向けて～」には、ＯＥＣＤ国際教員指導環境調査（TALIS2013）のデータをもとに「教職が社会的に高く評価されていると思う教員の割合は28・1％と低いレベルにあることを示している。その背景として、近年、学校教育が抱える課題の多様化などに伴う教員の多忙化や、社会全体の高学歴化等に伴い教員に対して専門職としての社会的評価が低下してきている」と指摘している。教育を受ける子どもたちの人間的成長はもとより、社会全体の教育の「質と量」をより豊かにするためにも、教員が十分リスペクトされていることが大事である。問題は、教員に対するリスペクトをどう高めるかである。

(三)　教員養成のあり方はこれでよいのか

(1) 教育学部の縮小は教員の質の低下につながる

先の有識者会議報告書には、教員需要の減少を踏まえ、「国立教員養成大学・学部は、教員養成機能の強化を図りつつ、組織や規模の適切な見直しが求められている」とある。教員養成において中心的な役割を果たすべき国立教員養成大学・学部としての役割は、地域の需要状況に見合う教員志望の高い学生を受け入れ、教員養成に特化した「質の高い」教育を通して、教員就職率を引き上げるようにとの提言である。要するに、教員養成課程への入学者数を絞り、就職率を上げるという、出口の不安定な教員師範学校を目指すかのような考えで、質の高い教員が養成できるのであろうか。

もともと、大学受験の段階で自分が教師に向いていると確信できる生徒がどれぐらいいるのかである。現に、先の「有識者会議」によるアンケートでも、教育学部に入学した理由は何かとの問いに、「教員になりたかったから」との回答は75％に過ぎない。また、「大学での学びを通じて、教職を目指す気持ちは強くなりましたか」では、「弱くなった」との回答が18％もあり、「もともと目指すつもりはない」が7％であった。こうした状況で、学生の尻を叩いて教員に向かわせたり、切り捨てるやり方で良いのだろうか。教員養成政策と大学の責任が問われる。

大学生活の良い点は、多様な考えをもった学生の中で互いに鍛え合い、育まれて成長することである。教員志望一辺倒という同質の学生だけでは視野狭窄に陥る。社会と隔離された、寄宿舎的学校教育ならいざ知らず、多様に変化する社会の中で、学校のあり方自体が変化せざるを得ないかもしれない。そうした時代に、このような画一的な教員養成のあり方が果たして通用するのだろうか。

筆者は、教育学部の規模は逆に拡大し、入学後、教育学部での学習と学校現場の実態を踏まえて、教員を目指す学生と教員以外の道を探る学生とがそれぞれの思いと希望を持して教育を受けられるようにすべきだと考える。真に教師になりたいとの確信を持った学生には教師としての資質を磨いてほしいし、そうでない学生は教育学部での学習の成果をもって、広く社会の諸分野で活躍してほしいからである。教育学部のもつ「総合性」の価値はまさにその点にある。

教育学部の規模の拡大は、教員志望のすそ野を広げるだけでなく、複雑化した現代社会にあって、特定の専門分野の知識だけでなく、幅広く総合的な知識をもつことで、新たな分野に柔軟に対応できる人材の要請に応えることにもなるからである。教育学部のミッションを教員養成に限定するのではなく、リベラルアーツ型の人材養成を含める必要があるのではなかろうか。

しかし現実には、文科省主導の大学「改革」の下で、多くの大学はすでに、教育学部の学生定員を大幅に削減しており、その点でも、教育学部が本来担うべき役割すら十分果せない状況にある。小中学校の現場では、教員の多忙化が日常化し、〈ブラック化〉しているとさえ言われているのにである。ちぐはぐな大学行政の典型という他はない。

(2)学部と大学院との連携強化

「有識者会議報告書」でも、教員の資質・能力の向上には、学部と教職大学院との一貫性ある教育がより一層強く求められるとしている。すでに述べたように、学部教育では、いわゆるリベラルアーツ教育に、より重点を移すべきだとするなら、質の高い教職教育のためには、学部と教職大学院との一貫した教育が必要になることは確かである。

教職大学院が話題になっていた頃の二〇〇四年一〇月、教大協（日本教育大学協会）の「教員養成・専門職大学院に関するプロジェクト」の委員長でもある茨城大学の菊池龍三郎学長（当時）と共に、文科省の専門教育課長を尋ね、教職大学院を教員養成大学・学部に一律に押し付けることのないよう要望した。当時は法科大学院が始まって間もない時期で、その機に教職大学院に大量の実務家教員の配置を義務づけ、教育も実務に重きをおいた教職一辺倒では、教科に関する学問の深まりが疎かになることが危惧されたからである。とはいえ、教科専門に偏った当時の修士課程がそのままで良いということもない。教育学研究科の修士課程は優れた教員養成に向け、それぞれが責任をもって自主的に特色ある教員養成の構築に取り組み、その成果を大学を越え互いに学び合うことへの期待があったからである。

しかし現実には、その四年後の〇八年四月に教職大学院が開設され、一一年経過した今では、国立教員養成大学・学部のほとんどに教職大学院が置かれている。

現状の教職大学院について、教大協の「教職大学院の改革に関する意見」(二〇一七年三月)では、実習時間数や共通科目の取扱いを緩和するなど教科教育の導入や充実を図り、教科と教職科目のバランスのよい教育課程になることや、「教職大学院専任教員と学部専任教員のダブルカウントを可能」にし、「設置基準上に係る実務家教員の必要教員数の割合や実務経験の取扱いを緩和すること」を前提に、学部との一貫教育の必要を提言している。

この間、教育学研究科の修士課程も優れた教員養成へ向け実績を積んでいるとも考えられる。ほとんどの教員養成系大学・学部に教職大学院が設置された今でも、大学院の特性を考えれば、教育学研究科修士課程の存続も含め、学部と大学院との連携のあり方は大学の自主性に任せるべきであろう。

教員養成系大学・学部が果すべき基本的なミッションは、何より義務教育を担う教員を育てることに他ならない。当然のことながら、それに見合うだけの使命感と自覚をもった、教育者としての実力を身につけることが重要であり、それに相応しい社会的リスペクトも必要である。そのためにも、国は義務教育を担う教員を持続的に養成する政策を堅持することはもちろん、そこに学ぶ学生も社会から期待されていることの自覚を十分もって、勉学に取り組むことである。

また、教員養成系大学・学部の役割を、教員養成と研修に位置づけるだけでなく、教育の諸課題を総合的に教育・

研究する役割をもつ高等教育機関として位置づけ直す必要もある。さらに、大学の教員は専門家集団として、教育内容や制度あるいは教育行政に積極的に発言し、貢献できる仕組と力量をもつことも必要である。そのためにも、広く社会に視野をむけ、学問の府としての責任と社会の負託に応えうる、真の自主・自律性に裏打ちされた高等教育を取り戻すことであろう。

Ⅱ　教育の明日を考える

一　人間教育を目指して

（一）教育の原点—宮澤賢治と山羊の世界—

私の教育観は、中学一年生の国語の教科書に遡ることができる。その中に載っていた「雨ニモマケズ　風ニモマケズ……」で始まる、宮澤賢治の詩に眼が釘付けにされた。何度も読み返しながら、こんな人が本当にこの世にいるだろうかと疑ってもみた。しかしながら、最後の節の「ソウイウモノニ　ワタシハナリタイ」を読んで、この詩はあくまで賢治の願望であることに気が付きホッとした。いずれにせよこの詩から人は利己のみでなく利他の心を持つことの大切さを教わったように思う。

高校生になって、当時、新聞・ラジオを賑わしていた、農村地帯からの「出稼ぎ・集団就職」といった社会問題にも関心を抱くようになった。人の命のもとになる食べものを作る農家が、なぜ貧しいのかに疑問をもち、大学に進んだら、この問題の解決に取り組んでみたいと考えるようになった。宮澤賢治の詩とも重なり、彼の果たせなかった夢を実現させたいとの思いに駆られたのである。これが、私の大学における研究と教育の原点となったように思う。

私は四〇年近く山羊を飼い、研究し、慣れ親しんできた。子ヤギたちは、ピョンピョンとよく飛び回り、遊び、見ていても実に楽しく飽きない。また子ヤギたちは互いによく頭突きをし、まるで喧嘩しているようにも見え、時には手足を擦りむいたり、血を出したりもする。でもそれは、動物行動学でいう子ヤギの遊び行動であり、親ヤギになるためのルールを遊びながら学んでいるのである。

「遊びながら学ぶ」、なんと楽しく素晴らしいことか。人間の子供たちもぜひそうあって欲しいと思う。しかし、今の子供たちには「遊びは悪い、勉強は良い」とする風潮が強く根付いているように思われる。つまり「遊び」と「学び」を切り離し対置させているのである。子ヤギたちは一匹ではなく、集団の中で学び、大人になる準備をしている。同様に人間も、一人では社会集団のルールを学ぶことは不可能であり、集団の中で遊びながら学んでいくはずであろう。大人になっても社会性の乏しい人が増え、恐ろしい事件や悲しい出来事がたくさん起こっているのが、今の日本社会である。

人間は自ら霊長類だなどとうぬぼれ、すべての動物の頂点に君臨するとして威張っているが、果たしてそうだろうか。子ヤギたちの遊びながら学ぶ姿勢にも劣る動物ではないのか。「遊びながら学ぶ」、このあたり前の動物界のルールを、人間は見習った方がよい。今一度、教育は遊びと学びを単純に対立的に捉えないことから始めるべきであろう。

(二)　いのちを生きる―「いただきます」の心―

大学に勤めていた頃、講義の冒頭で学生諸君に「いただきます」について必ず質問することにしていた。まず食事の前に「いただきます」と手を合わせて食べる学生は全体の3割くらい。その3割のうち「いただきます」の意味を「両親や食事を作った人に感謝する」と答えた学生が圧倒的であった。

そもそも「いただきます」は仏教用語だが、「他の命を今日も感謝していただきます」と理解する若い人が圧倒的に少なくなっていることに唖然とした。しかし、考えてみれば、両親や祖父母は、戦中、学校で「箸取らば天地御代の御恵み、君と親との御恩を味わい、いただきます」と習っていた。その意味では大人たちも「いただきます」の意味を理解していないのかもしれない。

自然界は食物連鎖で成り立ち、お米、パン、野菜、果物、魚、肉、卵、ミルクなどすべてに命がある。そこには命の循環があり、その頂点に人間が立っている。生きることは「他の命」を毎日いただくことであり、一日一日を生き続ける分、たくさんの他の命を背負っていることを意味している。こう考えると、自分の命はもう自分一人の命ではない。自分の命と同じように、他の人の命を大切にしなければならないことに気づくはずである。さらに言えば、他の命をいただいた人間は、本当にそれを大切にしていくためには、他の人に思いをめぐらせ、助け、利他の心を養うことで、「いただきます」の真の意味が理解できる。

「いただきます」を英訳することは難しく、他国語にはない日本独特の言葉であり、日本人が誇れる伝統的な食の文化である。食事の前に「いただきます」と手を合わせるのは、日常の美しい日本人の姿と言っていい。ある学校現場で給食の時に、保護者から子供に「いただきます」と言って食べさせないで欲しい、なぜなら給食費を払っているのだから、という声が上がったそうだ。「いただきます」の意味を解さない、度し難い妄言であろう。

お金さえあれば、スーパーで食材を買い、レストランで食事ができ、膨大な量の食べ残しをする今日、食べものに命があることを多くの日本人が忘れてしまったのかと思う。最近、恵方巻の大量廃棄が問題になっている。

愚の骨頂という他はない。「他の命を育み、命をいただく」とする「食と農」の本質を、改めて問わなければならない。それは、自然に対する畏敬につながる心でもある。

(三) 大学に〝場の教育〟を

戦後の大学教育は一言で言えば、アメリカナイズされた教育であった。厳正な成績評価の下に単位を与え、知識と技術・スキルを授け、資格を与える教育である。そこには人を育てるという視点はあまりない。寺子屋教育から始まる日本の教育には人を育てるという視点が息づいていたように思う。研究室では教師と学生の間に心の触れ合う時間もあり、研究活動を通してお茶を飲み、時にはお酒で盃を重ね、泣き笑い、人生論を大いに語ったものである。〝生身〟の人間が、互いの息遣いを感じながら、じかに触れ合う中から得られる、「学び」の成果は大きい。卒業後も心の交流は続き、生涯忘れえぬ人間関係となっていく。講座制や徒弟関係は封建的と非難され、大学の世界でも「効率性」追及の、組織化されたマスプロ教育に変容していった。本来、人を育てるのに「効率」やマスプロは似合わない。

いうまでもなく、大学の教育では、授業を中心に理論や抽象的な事柄を学ぶことが中心だが、一方では人々が働き暮らす現場（社会）に出かけて、実践を伴う教育も大切である。私はこれを「場の教育」と言っている。現場で働き暮らす人々のことを実感し、現場の人々の喜怒哀楽を実感しながら、それを大学に持ち帰って普遍的な理論に組み立てていく。こうして得られた成果を現場（社会）に還す。この往還を通じて人々のためになる心、他者に対する思いと利他の心、人との関係性が養われていく。私はこのことの大切さを認識し、現場へ学生と共によく出かけた。

例えば、屋久島で深刻な問題となっていた農作物を荒らす猿害のこと、家畜糞尿による畜産公害のことなど、常に学生と共に現場へ出かけて学んだ。また農村に住みついた今でも、鹿児島大学の共通教育に協力し、「農家民泊体験講座 - 里山の家庭教師」を立ち上げるなどした。国際協力では、発展途上国で実践する日本人を訪ね、国際協力の成果と問題点を学ぶ国際協力体験講座を立ち上げた。このように、理論と実践の統一に心がけることが場の教育である。

ところが、法人化後、大学改革の名のもとに、教育評価が導入され、評価のための客観的な物差しと称して、業務の達成度が指標ごとに数値化されるなど、教育の世界が機械的なものとなった。例えば、大学の志願率、留年率、就職率等などの数値が重視されるようになり、教室には学生による授業評価が持ち込まれ、アンケート方式による評価法が多く採用された。教える側・教員は委縮し、学生の顔色（評価）を気にしながらの授業となる。こうした成績重視の成果主義的傾向が強まる中で、大学教育に欠かせなかったはずの課外・サークル活動は弱まり、社会勉強となるはずのアルバイトも単に金稼ぎとなった。こうして、一週間ぎっしり詰め込まれたカリキュラムで余裕はなく、働き暮らす人々の住む地域へ出向くこともないまま、卒業を迎える。こうして、人間的な成長につながるはずの、現場から学ぶ教育はますます遠ざかっていく。

（四）竹子農塾を立ち上げる

二〇〇三年、還暦を迎えた60歳の時、私は思い切って大学を退職し、鹿児島県中央部の里山に移り住み、小さな複合型の循環農業を始めた。萬田農園である。豊かな農家と農村の再生を人生最後の宿題と決め、地域の農家の人々と同じ目線で生きてみることにしたのである。農作業をしながら、新聞を読みテレビを観て、世間で起こる悲惨な事件や出来事に思いをめぐらし、時にはその不条理に怒りがこみ上げた。展望がなく乱れた世の中になっているのは、究極のところ人間のあり様の問題であり、人間教育の大切さに行きつくのであった。マスコミの情報に振り回されるのか、物事の本質を捉えることなく、目先の表面的な事象や流れで動く人が多くなったのではないか。低迷する農業や農村もまたしかりであり、結局のところ人の教育に立ち返らなければならないと改めて考えるようになったのである。

自らの頭と意志で行動できる人を育て、学びあえる場をつくるため、〇六年の春、萬田農園内に私塾「竹子《たかぜ》農塾」を立ち上げた。この塾は、単に農業技術や経営を学ぶだけではなく、世の中という「生きた書物」を広く読み、学ぶ場として位置づけた。「竹子農塾」は、開塾とともに、本塾に賛同する塾生が予想を超えて二〇〇名にも達し、毎回の招待講師による講話は成功裏に進んできた。本塾は座学だけではなく、自ら米づくり体験をする田主制度や研修生も受け入れ、実践的に学ぶ場を設けた。すでに地域に入り就農者となる塾生も育っていった。もちろん、そうした活動から、私自身が手にした収穫も大きい。

お隣の韓国のプルム農業高校を卒業した朱亭魯さんが竹子農塾で講演してくれた。プルム農業高校は一学年二五名程度の小さな学校で、学校の玄関脇に建っている碑に《平民を育てる》とある。強烈なメッセージである。この学校は、決してエリートを育てる学校ではない。彼は講演の中で、「自分は在学中に授業もさぼる、悪い学生だった。ある日校長室に呼ばれ、校長先生と一緒に聖書を読まされた。校長室を出て涙が溢れてきた。教育は少人数がよい、マスプロ教育は偽物」だと語った。

プルムとは韓国語で鍛冶屋の「ふいご」のことで、手動で風を送って高熱にし、鉄を鍛えていく道具であり、大量生産には向かない。人を育てることも「ふいご」と同じで、大量生産のための道具ではないといい、少人数教育こそ教育の真骨頂だと説く。この学校の卒業生は地元に残り、ある者は農家となり、ある者は地域の役場や農協・生協に入り、地域を支えるとともに有機農業の村づくりに汗を流している。まさしく地域と一体となった学校づくりであり、教育の原点もそこにあるのかと思う。余談だが、この村の公民館入口に、日本国憲法第９条の規定・全文が掲げられている。感動した。

（五）霧島生活農学校の設立

プルム農業高校の話に刺激され、二〇一八年春、これまでの竹子農塾を発展的に解消して、新たに霧島生活農学校を設立することにした。その設立の趣意は次の通りである。

「日本の農村、とりわけ中山間地農村は高齢化と後継者不足により、人口は減少の一途をたどり、集落の維持さえ困難な状況となり、消滅の危機にさらされている。さらに農薬の多投により農山村の生物環境はさらに悪化し、多くの生き物たちが絶滅に向かっている。国土の約70％を占める中山間地農村は、山あり谷ありの地理的条件から矮小な農地に囲まれており、生産性向上を図る単一経営で大規模・企業的経営者の育成は困難な状況にある。この問題の打開策は、小規模でも複合的経営（小農）をめざし、また他産業への就業も兼ねて（兼業）の農家を育成することも大切である。また有機農業の推進により生物環境の改善を図る必要がある。農業には商品生産をめざす産業農業と家族の暮らしのために営む生活農業の二つの側面がある。その一面の産業農業に偏って推進してきたのが、戦後の農業政策、その結果多くの農村社会が消滅の危機に立たされている。

しかし現在でも約7割を超える農家が小規模で家族経営の兼業農家である。これを小農という。今なお農村社会を支えている圧倒的部分はこの小農の人々である。一方では、農的暮らし、定年帰農、市民農園・体験農園、菜園、ベランダ栽培など、農業に関心を抱く都市生活者も増えている。これも、これからの新しい小農の人たちである。21世紀は、第二次、三次産業に従事する人々も、何らかのかたちで生きる礎である農業に関わる時代を迎える。これが次の新しい社会である。

そのための教育の場として霧島生活農学校を創設する。本校は小農の小農による小農のための学校であり、本校では利他の心を持つ精神性の高い人を育てたい」

本校では、学生コース、研修生コース、田主コース、会員制コースの四つのコースを設けて開校したが、七〇名を越える学生がすでに入学し、順調な滑り出しである。今後は財政的基盤も整え、一般社団法人として法人格をもつ学校として発展させていくことにしている。

二　大学教育の課題

（一）　大学教育の使命

教育とは何か、その切り口は人によりさまざまであり、考えれば考えるほど難しいテーマである。以下、私の「教育」観は、先に述べた〝農〟との関わり・体験を通じて、私の中に堆積された意識からつくり上げられたものである。

大学の使命はいうまでもなく研究と教育である。その場合、とくに教育は大きく二つに分けられるように思う。

一つは目的をはっきり持った教育である。資格を与える、専門技術者や教員を育てるなどはその典型で、為政者が国益から育てようとする人材養成もある。明治政府は、近代国家の建設のために西洋文明を受け入れ、先進諸国に追いつくための、国益にそった教育・人材養成を目指した。その結果、日清・日露戦争を経て、植民地争奪の第一次、第二次世界大戦に参戦し、手痛い敗北を喫して戦後を迎えた。戦後は工業立国を目指して、経済復興・成長を支える人材養成が行われた。いずれも国策に基づく公教育の視点であり、目指すところはリーダー養成でもある。現在では、グローバル人材の育成が大学教育の大目的とされている。要するに、世界市場で覇を競う日本企業の働き手となる、「有能な」（役に立つ）人材の養成と供給を大学に求めているのである。

しかし、教育の真髄は、人間として自らを高めたいとする教育、すなわち学びの心である。生涯学習・リカレント教育も、こうした願望・ニーズに沿った教育であろう。人間も猿などと同様に群れる動物（社会集団）の一つであり、個人のみで生きていくことはできない。若者はよく、「関係ない」という言葉を口にし、あたかも一人で生きているかの風潮が広がっているが、決してそんなことはない。人々は日々、衣食住や生活用具、学校での教室、机、イス、黒板や、移動手段としての飛行機、船、バス、電車、自動車など、数えきれない程のモノやサービスに囲まれて暮らし、眼には見えないがそれを作り提供してくれる多くの人との関わりの中で生きている。商品経済では、一見モノとモノとの関係のように見えるが、その実はヒトとヒトとの関係なのである。これが、我々が現に生きている社会の実質的な関係であり姿である。人に助けられ、人を助け、人と争うなどでも、人は互いの関係性の中で生きている。だとすれば、人間は〝群れ〟として生きていく中で学び成長していくものといえる。また、利己のみならず周りの人たちのことも考え、利他の心が養われていかなければならない。特に少しでも自分を高めたいと欲する学びの心は、本来自主的であり権力に強制されるものではない。こうした教育は、リーダー養成だけでなく平民の教育でもある。

戦後の民主教育はこの視点で始まったはずだが、小学校から大学まで、いつのまにか国家統制の教育へと変容している。特に戦後、間もなく制定された教育基本法（旧）は、戦前の反省を踏まえた民主教育としての性格を備えていたが、二〇〇八年の教育基本法の改定で、初等・中等教育は体制型の学校教育に変容した。学校現場では、日の丸、君が代が義務づけられ、道徳が教科化され、教育勅語がその教材として取り入れられようとしている。

私は、「人間が人間としていかにあるべきか、教育はその人間の成長に関わるもの」と理解している。だから、専門教育といえどもその根底には人間としての教育がなければならない。そこにこそ、教養教育の意味と価値がある。「師弟同行」という言葉がある。これは共に師であり共に弟子であるとし、教える者は学ぶ者から学び、学ぶ者は教える者に示唆を与える。このことは、教育は一方通行ではないことを意味している。つまり、大学においても教員と学生は共に師であり弟子である、という相互関係にあることを知るべきであろう。

大学教育は時の権力に振り回されてはならない。大学は、国民の税金で賄われているとしても、本来、研究と教育は自由であり、そのために「学問の自由」と「大学の自治」が憲法で保障されている。しかし、国立大学の法人化につづく二〇一四年の教育基本法改正によって、大学もまた権力に左右され、今や教育も研究も大きく歪められようとしている。

（二）大学生への期待―私のメッセージ―

若き高校生や大学生の諸君が懸命にめざす大学とは一体どういうところなのだろうか。大学とは人生の通過点に過ぎないのに、大学に入ること自体がいつのまにか目的化していないだろうか。志望するにあたって、あるいは在学中に、大学で学ぶことの意味をいま一度よく考えてみることは、これからの学生生活を送る上で、とても大切なことである。

大学が何よりも学問をする場であることでは、誰しも異論のないところであろう。「科学する」ことは物事の本質・真理を探求する営み・サイエンスすることだが、「学問する」ことにはそのサイエンスを通して人が成長していくという、人間臭さの意味が含まれている。つまり大学は単に科学するのみではなく、人として成長していくという人間陶冶への思いが深く込められている。古来より、愛しい我が子を「学問をしてこい」、といって世に送り出した日本の親たちには、この思いが強く込められていたのではないだろうか。

科学技術がどんなに発達しても、それを使う人間がおかしくなれば、悲惨な結末となることは、昨今の憂鬱なニュースを見れば自明のことである。「科学は両刃の剣」と言われるように、その柄を誰が握るかによって、役にも立てば凶器ともなる二面性を常に持っている。その意味で、科学探求の旅は、真っ当な倫理観と人間性を磨くことと心得て欲しいのである。

学問は、既成の知識を身につけることではなく、「問うことを学ぶ」こと、それが正しいかどうかを主体的に問うことに価値がある。〝すべてを疑え〟が学問の原点である。わかっていることをではなく、わからないことを学ぶ（探求する）ことに学問の真骨頂がある。大学では日々の研究活動を軸に教育が展開されるが、その意味でも学部教育の後半期に課せられる卒業論文は非常に重要であり、全力投球でこれに挑戦し、すばらしい成果を挙げて欲しい。向学心に燃える人には、さらに大学院で研鑽する道も用意されている。

大学には「学問の自由」とともに、学生がキャンパスライフを存分に満喫できる自由が用意されている。そこでは、日常の講義、実験、ゼミナールなどの地道な学習活動にまじめに取り組むのはもちろんのこと、スポーツや文化などの課外活動にも積極的に取り組み、多くの友人とともに集団生活を通して、喜び、涙を流して友情を深め、人間性を高めて欲しい。またキャンパス外の実社会にも積極的に出かけ、さまざまな問題を、地域で働き暮らす人々から実践的に学ぶことも大切である。そこから、地域で暮らす人々の喜びや悩みを実感し、共感することや、豊かな自然と、そこで育まれた豊かな風土・生活文化を知ることは、自らの人間的成長にとって、大きな財産となろう。〈共感〉することは、ホモサピエンスたる人間に与えられた特性である。人間の人間たる所以もそこにある。

大学の敷地内のみにこだわらないで、地域全体をキャンパスと捉えることである。社会は学生にとって得がたい、人生の大きな「生きた教科書」、ひも解くに価する「大きな書物」である。

(三) 歴史に学ぶ—平和教育の大切さ—

死者の多くが軍人だった第一次大戦に比べて、一般市民の犠牲が軍人を上回ったのが第二次大戦の大きな特徴である。戦争が軍人だけではなく、多くの非戦闘員・市民を巻き込み、いかに悲惨なものであるかは、東京など諸都市の大空襲や、島民をも巻き込んだ沖縄戦、30万人の死者を出した広島、長崎への原爆投下、多くの住民を虐殺したベトナム戦争、そして近年の中近東での戦争など、枚挙にいとまがない。戦争は子供や女性、お年寄りなどの民間人をも犠牲にすることを忘れてはならない。

今一つは、戦場では戦争に舵を切った政治家や軍の指導者ではなく、一銭五厘の赤紙で召集された一般の市民や農民が、戦闘員となって犠牲になったことである。万世飛行場の特攻隊員を見送った女子青年団員のMさんは、「日本を救うため本気で戦っているのは大臣でも政治家でも、将軍でも学者でもない。体当たり精神を持った、ひたむきな若者や一途な少年たちだけで、あのころ私たち特攻係の女子団員はみな心の中でそう思うておりました。ですから、拝むような気持ちで特攻を見送ったものです。特攻機のプロペラから吹きつける土ほこりは、私たちの頬に流れる涙にこびりついて離れませんでした」（作家・神坂次郎氏の対談から）。戦争の残酷と不条理である。

終戦の一九四五年、私は3歳であった。「三つ子の魂」というが、九州の筑紫平野の鳥栖市で生まれ育った終戦前後のことを実によく覚えている。空襲警報のサイレンが鳴ると、あわてて電灯を消し、庭の片隅に造られた防空壕へ家族全員で逃げ込んだ。爆弾を搭載した敵機Ｂ29の不気味な音が上空を通り過ぎるまで、かび臭い防空壕の中で息を潜めていたことを憶えている。戦況が厳しくなり、田舎に疎開した。疎開先から、大空襲で真っ赤に燃え上がる久留米市の夜空を眺めていた。なぜか、逃げ惑う人々のことよりも、花火のような美しい夜空に見とれていた。人影を見つけると、急降下して機銃掃射をあびせ、逃げ惑う多くの幼友達を殺戮したグラマン機のことや、筑紫平野の田んぼで、空襲警報が鳴り、乳母車の弟を路上に残したまま、母とあわてて田んぼに逃げ込んだ時の恐怖感が焼き付いている。幸い乳母車の中の弟は無事であったが、後々「あの時兄貴は僕を裏切った」と、折に触れ皮肉っぽく言い続けられた。軍人になった従兄が疎開先のわが家を訪ねてきた時、私は、腰に下げていた軍刀を見て、真上を飛んでいく米軍機を指さしながら、「その刀であの敵機を切り落とし友の仇を討ってくれ」と泣き叫んだそうだ。これは戦後、母からよく聞かされた話である。終戦直後の食糧難のころ、母の着物をリュックにつめて、農村に出かけては米と物々交換して帰ってくる父の姿を覚えている。一度は父と一緒に農村に出かけ、列車から降りたところでヤミ米を摘発する警察官に捕まり、リュックごと米を没収された。幼な心に、その時の父の哀れな姿に、屈辱感をおぼえたことも記憶に鮮明である。

七〇年を過ぎた今、九条をターゲットに改憲を唱える声が強まっている。改憲の積極的な賛成者は、近隣諸国からの侵略に備えこれを抑止するだけでなく、〝国際貢献〟と称して海外に派兵もできるように、憲法上、自衛隊の存在を明記して合憲化しようと主張する。戦争が終わって、日本人の多くが心底から「もう二度と戦争はしたくない」と思い、平和への願いを憲法九条に込めたはずなのに、いまやそれが非現実だとして風化しつつあるかのようである。憲法九条は、人類史に刻まれた忌わしい戦争への反省を込めた「不戦」の誓いであり、人類共有の理想であろう。その理想を求め、戦争のない平和を築く努力を続けることこそが、無念の死を遂げた多くの市民や戦場で散った兵士の死を無駄にしないことであり、真の慰霊ではないだろうか。人類が、自ら歩んだ痛恨の歴史から誠実に学ぶためにこそ、平和のための教育に力を入れなければならない。

（四） 教育の再生を求めて

20世紀は二つの世界大戦や内紛など、繰り返される戦争と、一方での人間活動による地球環境破壊の世紀であった。多くの人は、21世紀こそ平穏でありたいと願ったはずだが、21世紀を迎えて間もなく、アメリカで衝撃的な同時多発テロが勃発し、その後、対テロと称する新たな戦争が続き、多くの市民の命が奪われ、人の心は乱れ、地球環境とともに世界は混迷の一途をたどっている。

そもそも18世紀後半の産業革命に始まる工業社会・西洋文明の繁栄は、市場原理・競争を価値基準として展開された。いわゆる商品経済では、物の価値が需要と供給の関係で決まるものとし、そのため個人の自由な意思と対等な関係に基づく競争原理が前提とされている。そこにあるのは、市場での自由な競争に勝った者は生き残り、負けた者は消えていく優勝劣敗の世界である。市場原理は、人間の自由な営みという、一見美しい理想の言葉で語られながら、実際は強者・資本による専横・占有の「自由」を許す仕組みである。その結果は、グローバルな規模での格差と貧困の果てしない広がりである。これが封建社会から抜け出し、工業化社会を経て高度情報化社会といわれる21世紀の現実である。

この市場・競争原理の仕組の下で、戦後わが国は、生産効率の悪い第一次産業の農林業よりも、第二次・三次産業（工業・サービス業）を軸とした社会づくりが進んだ。第二次大戦に敗れた日本は、アメリカを盟主とする欧米社会の枠組みを一途に追いかけ、朝鮮戦争を奇貨として戦後の復興をはかり、驚異的な経済成長を遂げ、生産性の高さを誇る工業立国として先進国の仲間入りを果たしたのである。だが、その結果、かけがえのない日本の美しい自然環境を壊し、農業・農村を荒廃させ、多くの人を都会に集中させた。やがて、行き詰まりを見せた日本の工業界は、国内の下請けの中小企業を切り捨て、安い土地と労働力を求めて海外進出を企て、産業の空洞化が進行した。バブルがはじけて土地神話が崩れ、リーマンショックで金融業界も破綻し、いまなお長びく不況に苦しんでいる。アベノミクスも、つまるところ大企業がその果実をもっぱらフトコロにし、多くの人々を深刻な格差と貧困に追い込んだだけである。

市場原理・競争社会は教育界にも反映し、学校のランク付けが進み、過酷な受験戦争に陥っている。十数年前、世間を騒がした「高校の未履修問題」は、多くの普通高校が人間教育を忘れ、大学受験一辺倒に陥っているところに事の本質がある。二〇〇四年に、国立大学が一斉に法人化され、大学にも市場原理・競争が導入された。そこでは、徹底した評価主義の下で、生き残りをかけた大学間の熾烈な競争が始まっている。これでは人間教育が益々おろそかになり、初等・中等教育もさらに歪んでいくことが危惧される。

このような中、日本人の精神的荒廃も進み、自殺、いじめ、残忍な親子間の殺人、幼児や妻の虐待、汚職、詐欺、偽装行為、性犯罪など、目を覆いたくなるような事件が横行している。このままでは「日本が駄目になる」ことに、多くの日本人が気付き始めているが、いまだ暗中模索の中にある。

再生の道筋はいろいろと論じられているが、基本的には20世紀型の市場原理・競争の座標軸から早く抜け出すことであろう。「市場・競争原理」から「共生・協同・循環」を価値基準とした座標軸への転換が今強く求められている。人間同士は競争ではなく、共に助け合い協同・共生する社会でなければならない。自然を支配するのではなく、自然と共に生きる社会、すべての資源が無駄なく循環して環境をよくする社会である。座標軸を、〈人間が人間らしく生きる〉ことにシフトする勇気と行動を、いま私たちは持たなければならない。国連のＳＤＧｓ・２０３０アジェンダに込められた真の意味もそこにある。

こうした価値体系の転換から、次の新しい教育も見えてくるはずである。

【参考文献・資料】

石田紀郎『現場とつながる学者人生―市民環境運動と共に半世紀―』藤原書店二〇一八年四月
岡部恒治・西村和雄・戸瀬信之『分数ができない大学生―21世紀の日本が危ない』東洋経済新報社一九九九年六月
木村誠『大学大崩壊―リストラされる国立大、見捨てられる私立大―』朝日新書二〇一八年一一月
佐藤郁哉『50年目の大学解体　20年後の大学再生』京都大学学術出版会二〇一八年一二月
田中弘允・佐藤博明・田原博人『検証 国立大学法人化と大学の責任―その制定過程と大学自立への構想―』東信堂二〇一八年七月
寺崎昌男『21世紀の大学：職員の希望とリテラシー』東信堂二〇一六年一二月
豊田長康『科学立国の危機』東洋経済二〇一九年二月
羽田貴史『大学の組織とガバナンス』東信堂二〇一九年三月
古川薫『松下村塾』新潮選書一九九五年八月
細井克彦『岐路に立つ日本の大学―新自由主義大学改革とその超克の方向―』合同出版二〇一八年六月
松下佳代『ディープ・アクティブラーニング』京都大学高等教育研究開発推進センター 二〇一五年一月
山本眞一編『教職協働時代の大学経営　人材養成方策に関する研究』広島大学高等教育研究叢書一二三、二〇一三年三月
溝上慎一『大学生白書２０１８―いまの大学教育では学生を変えられない―』東信堂二〇一八年八月
天野郁夫「平成の大学改革再考」『ＩＤＥ』二〇一八年五月号
吉見俊哉「新たな〈知〉の創造に向けて」国大協『国立大学』二〇一八年六月四九号
山田剛史「学生エンゲージメントが拓く大学教育の可能性」（第三回 大学の学習・生活実態調査報告書）ベネッセ教育総合研究所二〇一八年
『ＩＤＥ 現代の高等教育』（No.609 二〇一九年四月号）「『グランドデザイン答申』をどう読むか」
『経済』（二〇一九年四月号）〈特集 大学の危機打開めざして〉光本滋「『大学改革』をめぐる攻防」／長山泰秀「国立大学からみた『大学改革』政策の問題点」
『第3回 大学生の学習・生活実態調査報告書。（２０１６年）』ベネッセ教育総合研究所二〇一八年 https://berd.benesse.jp/koutou/

research/detail1.php?id=5259
中央教育審議会「２０４０年に向けた高等教育のグランドデザイン（答申）」二〇一八年一一月二六日
閣議決定「経済財政運営と改革の基本方針２０１８」二〇一八年六月一五日
人生１００年時代構想会議「人づくり革命 基本構想」二〇一八年六月一三日
未来投資会議「未来投資戦略２０１８」二〇一八年六月一五日
総合科学技術・イノベーション会議「総合イノベーション戦略」二〇一八年六月一五日
国立大学協会「国立大学の目指すべき方向―自主行動の指針―」二〇〇八年三月
国立大学協会「高等教育における国立大学の将来像（最終まとめ）」二〇一八年一月
経団連「今後のわが国の大学改革のあり方に関する提言」二〇一八年六月一九日
経済同友会「私立大学の撤退・再編に関する意見―財政面で持続性に疑問のある大学への対応について―」二〇一八年六月一日
文部科学省 科学技術・学術政策研究所（ＮＩＳＴＥＰ）「日本の科学研究力の現状と課題」二〇一六年一一月
その他、文部科学省資料・国大協広報誌

著者紹介

田中弘允（たなか・ひろみつ）

1934年生まれ／鹿児島県・奄美市／元鹿児島大学長（1997年～2003年）・同名誉教授／文科省「調査検討会議」目標評価委員会協力者（2002年～2003年）／地方国立大学長研修会代表世話人／第156国会文部科学委員会参考人／内科学／医学博士

佐藤博明（さとう・ひろあき）

1935年生まれ／北海道・八雲町／元静岡大学長（1997年～2003年）・同名誉教授／第1期中期目標期間暫定評価・達成状況判定会議委員（2008年）／宇都宮大学監事（2004年～06年）／福島大学監事（2006年～10年）／会計学／商学博士

田原博人（たばら・ひろと）

1936年生まれ／島根県・益田市／元宇都宮大学長（2001年～2005年）・同名誉教授／福島大学監事（2010年～12年）／福島大経営協議会（2008年～10年、12年～現在）、福島大学学長選考会議（2008年～10年、13年～現在）／電波天文学／理学博士

2040年 大学よ甦れ――カギは自律的改革と創造的連携にある――

2019年10月20日　初　版　第1刷発行　〔検印省略〕

＊定価はカバーに表示してあります。

著者／田中弘允・佐藤博明・田原博人　発行者／下田勝司　印刷・製本／中央精版印刷株式会社

東京都文京区向丘1-20-6　郵便振替 00110-6-37828　発行所 株式会社 東信堂

〒113-0023　TEL 03-3818-5521(代)　FAX 03-3818-5514

Published by TOSHINDO PUBLISHING CO., LTD.

1-20-6, Mukougaoka, Bunkyo-ku, Tokyo, 113-0023 Japan

E-Mail：tk203444@fsinet.or.jp　http://www.toshindo-pub.com

ISBN978-4-7989-1585-2　C3037

東信堂

ＰＩＳＡ調査の解剖―能力評価・調査のモデル	袰岩晶 篠原真子 篠原康正 著	三五〇〇円
大学の組織とガバナンス―高等教育研究論集第1巻	羽田貴史	三五〇〇円
検証 国立大学法人化と大学の責任―その制定過程と大学自立への構想	田中弘允 佐藤博明 田原博人 著	三七〇〇円
文部科学省の解剖	青木栄一編著	三二〇〇円
国立大学職員の人事システム―管理職への昇進と能力開発	渡辺恵子	四二〇〇円
国立大学法人の形成	大﨑仁	二六〇〇円
国立大学・法人化の行方―自立と格差のはざまで	天野郁夫	三六〇〇円
教育と比較の眼	江原武一	二六〇〇円
大学は社会の希望か―大学改革の実態からその先を読む	江原武一	二〇〇〇円
大学の管理運営改革―日本の行方と諸外国の動向	江原武一 杉本均 編著	三六〇〇円
大学経営・政策入門	東京大学 大学経営・政策コース編	二四〇〇円
大学経営とマネジメント	新藤豊久	二五〇〇円
大学戦略経営の核心	篠田道夫	三六〇〇円
戦略経営111大学事例集	篠田道夫	三六〇〇円
大学戦略経営論	篠田道夫	三四〇〇円
２０４０年 大学よ甦れ―カギは自主的改革と創造的連携にある	田中弘允 佐藤博明 田原博人 著	二四〇〇円
カレッジ(アン)バウンド―米国高等教育の現状と近未来のパノラマ	J・J・セリンゴ著 船守美穂訳	三四〇〇円
米国高等教育の拡大する個人寄付	福井文威	三六〇〇円
大学の財政と経営	丸山文裕	三二〇〇円
私立大学の経営と拡大・再編―一九八〇年代後半以降の動態	両角亜希子	四二〇〇円
大学教学マネジメントの自律的構築―主体的学びへの大学創造二〇年史	関西国際大学編	二八〇〇円
学修成果への挑戦―地方大学からの教育改革	濱名篤	二四〇〇円
大学におけるライティング支援―どのように〈書く力〉を伸ばすか	関西大学ライティングラボ 津田塾大学ライティングセンター 編	二四〇〇円
グローバルに問われる日本の大学教育成果	加藤真紀 喜始照宣 著	二八〇〇円
国際共修：文化的多様性を生かした授業実践へのアプローチ	末松和子 秋庭裕子 米澤由香子 編著	三四〇〇円
長期学外学修のデザインと実践―学生をアクティブにする	澤邉潤 木村裕斗 松井克浩 編著	三二〇〇円
大学再生への具体像―大学とは何か【第二版】	潮木守一	二四〇〇円
リベラル・アーツの源泉を訪ねて	絹川正吉	三二〇〇円
「大学の死」、そして復活	絹川正吉	二八〇〇円

〒113-0023 東京都文京区向丘 1-20-6
TEL 03-3818-5521 FAX03-3818-5514 振替 00110-6-37828
Email tk203444@fsinet.or.jp URL:http://www.toshindo-pub.com/

※定価：表示価格（本体）＋税

東信堂

若手研究者必携 比較教育学の研究スキル	山内乾史編著	一七〇〇円
リーディングス 比較教育学 地域研究 —多様性の教育学へ	近藤孝弘・中矢礼美・西野節男 編著	三七〇〇円
比較教育学事典	日本比較教育学会編	一二〇〇〇円
比較教育学の地平を拓く	山田肖子・森下稔 編著	四六〇〇円
比較教育学—越境のレッスン	馬越徹	三六〇〇円
比較教育学—伝統・挑戦・新しいパラダイムを求めて	M・ブレイ編著 馬越徹・大塚豊監訳	三八〇〇円
塾：私的補習の国際ルール	M・ブレイ、O・クウォ著 森・早坂・佐久間・田中・高嶋・大和訳	二〇〇〇円
国際教育開発の研究射程—「持続可能な社会」のための比較教育学の最前線	北村友人	二八〇〇円
国際教育開発の再検討—途上国の基礎教育普及に向けて	小川啓一・西村幹子・北村友人 編著	二四〇〇円
ペルーの民衆教育—「社会を変える」教育の変容と学校での受容	工藤瞳	三二〇〇円
アセアン共同体の市民性教育	平田利文編著	三七〇〇円
市民性教育の研究—日本とタイの比較	平田利文編著	四二〇〇円
社会を創る市民の教育—協働によるシティズンシップ教育の実践	大友秀明・桐谷正信 編著	二五〇〇円
アメリカにおける多文化的歴史カリキュラム	桐谷正信	三六〇〇円
アメリカ公民教育におけるサービス・ラーニング	唐木清志	四六〇〇円
発展途上国の保育と国際協力	浜野隆・三輪千明 著	三八〇〇円
中国教育の文化的基盤	顧明遠著 大塚豊監訳	二九〇〇円
中国大学入試研究—変貌する国家の人材選抜	大塚豊	三六〇〇円
東アジアの大学・大学院入学者選抜制度の比較—中国・台湾・韓国・日本	南部広孝	三二〇〇円
中国高等教育独学試験制度の展開	南部広孝	三二〇〇円
現代ベトナム高等教育の構造—国家の管理と党の領導	関口洋平	三九〇〇円
中国の職業教育拡大政策—背景・実現過程・帰結	劉文君	五〇四八円
中国における大学奨学金制度と評価	王帥	五四〇〇円
中国高等教育の拡大と教育機会の変容	王傑	三九〇〇円
中国の素質教育と教育機会の平等—都市と農村の小学校の事例を手がかりとして	代玉	五八〇〇円
現代中国初中等教育の多様化と教育改革	楠山研	三六〇〇円
グローバル人材育成と国際バカロレア—アジア諸国のＩＢ導入実態	李霞 編著	二九〇〇円

〒113-0023 東京都文京区向丘 1-20-6
TEL 03-3818-5521 FAX03-3818-5514 振替 00110-6-37828
Email tk203444@fsinet.or.jp URL:http://www.toshindo-pub.com/

※定価：表示価格（本体）＋税

東信堂

- ①アクティブラーニングの技法・授業デザイン　安永悟・関田一彦・水野正朗 編　一六〇〇円
- ②アクティブラーニングとしてのPBLと探究的な学習　溝上慎一・成田秀夫 編　一八〇〇円
- ③アクティブラーニングの評価　松下佳代・石井英真 編　一六〇〇円
- ④高等学校におけるアクティブラーニング：理論編（改訂版）　溝上慎一 編　一六〇〇円
- ⑤高等学校におけるアクティブラーニング：事例編　溝上慎一 編　二〇〇〇円
- ⑥アクティブラーニングをどう始めるか　成田秀夫　一六〇〇円
- ⑦失敗事例から学ぶ大学でのアクティブラーニング　亀倉正彦　一六〇〇円

学びと成長の講話シリーズ

- ①アクティブラーニング型授業の基本形と生徒の身体性　溝上慎一　一〇〇〇円
- ②学習とパーソナリティ―「あの子はおとなしいけど成績はいいんですよね！」をどう見るか　溝上慎一　一六〇〇円

- 大学生白書2018―今の大学教育では学生を変えられない　溝上慎一　二八〇〇円
- アクティブラーニングと教授学習パラダイムの転換　溝上慎一　二四〇〇円
- グローバル社会における日本の大学教育―全国大学調査からみえてきた現状と課題　河合塾編著　三八〇〇円
- 大学のアクティブラーニング　河合塾編著　三二〇〇円
- 「学び」の質を保証するアクティブラーニング―3年間の全国大学調査から　河合塾編著　二〇〇〇円
- 「深い学び」につながるアクティブラーニング―全国大学の学科調査報告とカリキュラム設計の課題　河合塾編著　二八〇〇円
- アクティブラーニングでなぜ学生が成長するのか―経済系・工学系の全国大学調査からみえてきたこと　河合塾編著　二八〇〇円
- 社会に通用する持続可能なアクティブラーニング―ICEモデルが大学と社会をつなぐ　土持ゲーリー法一　二〇〇〇円
- ポートフォリオが日本の大学を変える―ティーチング／ラーニング／アカデミック・ポートフォリオの活用　土持ゲーリー法一　二五〇〇円
- ティーチング・ポートフォリオ―授業改善の秘訣　土持ゲーリー法一　二〇〇〇円
- ラーニング・ポートフォリオ―学習改善の秘訣　土持ゲーリー法一　二五〇〇円

〒113-0023　東京都文京区向丘 1-20-6
TEL 03-3818-5521　FAX03-3818-5514　振替 00110-6-37828
Email tk203444@fsinet.or.jp　URL:http://www.toshindo-pub.com/

※定価：表示価格（本体）＋税